텅 빈 마음의 고귀한 행복

하늘[우주]이 인간에게 준 고귀한 선물이 있다.
그것은 "텅빔"이라는 마음의 세계다.

이 고귀한 텅빔의 마음에는 무지無知에서 비롯된 번뇌심에서 해방된 취사심取捨心이 없는 오취온五取蘊이 사라진 세계다.

이 세계는 어떠한 대상과 마주해도 걸림이 없는 대자유, 즉 해탈과 열반이라고 지칭한다.

이 여의주如意珠와 같은 보배는 하늘[우주]이 누구에게나 차별 없이 주는 고귀한 선물이지만, 이는 중생들이 일체유위법一切有爲法이 공성空性이고, 공상空相이라는 실상을 체득, 여실지견如實知見한 이에게만 주어진다.

無塵悟道頌 Ⅲ (2024. 11. 11)

正知, 正念 하면서
sampajañña, sammāsati
미련없는 작별을

正知, 正念 하면서
sampajañña, sammāsati
미련없는 작별을

無塵 황경환 지음

더종북스

추천의 글

도를 통해 시를 얻다[以道得詩]

1.

황경환 회장의 글을 종종 읽는다. 〈불교는 깨달음의 과학〉(2009)을 접했고, 〈반야심경 역해〉(2020) 등을 정독한 경험이 있다. 요즈음은 SNS를 통해 이따금 그의 다양한 기고문을 배달받기도 한다. 핵심을 놓치지 않는 명쾌한 문장이 장점이다.

그의 불교 공부는 초기 경전에 대한 교학적 이해의 바탕 위에서 성립한다. 한문 직독 또는 한역 경전의 한글 번역본을 통해 부처님의 말씀을 접하는 게 그동안의 관례였다면, 최근에는 산스크리트어나 빠알리어 원문을 직역하여 붓다의 가르침을 접하는 시대가 되었다.

21세기는 불경 보급의 역사에서 중요한 터닝 포인트를 만든 시대이다. 대림스님, 각묵스님이 부처님의 원음에 가까운 〈니까야〉(2006, 초기불전연구원) 시리즈를 우리말로 옮겼다. 재가불자인 전재성 박사 역시 이 작업에 참여해서 다른 판본(2002, 한국빠알리성전협회)을 출간한 바 있다.

깨어 있음, 알아차림, 마음챙김 등의 용어가 이 무렵부터 퍼져나가기 시작했다. 한자식 어려운 어휘 대신에 새로운 국어가 부처님 가르침의 본래 뜻을 전하는 역할을 했다. 대승불교의 한문 불경의 전통으로부터 벗어나 초기 불교에 대한 관심이 크게 일어나기 시작했다. 후대에 의해 가공되거나 변형되지 않은 부처님의 참모습은 과연 무엇일까. 이를 궁금해 하는 사람들이 많아졌다. 그리하여 신격화되지 않는 인간 붓다의 생생한 육성이 대중들에게 좀 더 가까이 다가오게 되었다.

황경환 회장은 이 변화의 흐름에 일찌감치 참여했다. 초기불전연구원에 재정적 지원을 하는 한편 한글 〈니까야〉를 읽어가는 첫 세대가 되었다. 이러한 공부와 연구가 그를 부처님의 진정한 제자로 이끌었다. 사성제를 제대로 알고 팔정도만 실천하면 행복해진다고 그는 단언한다. 인류가 겪는 온갖 문제도 이를 통해 해결할 수 있다고 한다. 황회장은 지난 40여 년간 세계평화운동에 참여해 일관되게 행동해 오고 있기도 하다. 그런 점에서 그는 인류 구원의 궁극적 해결이 불교에 있다고 믿는 사상가이자 실천운동가이다.

2.

번역이나 개설서 또는 주석서를 통해 부처님 말씀을 전하던 그가 최근에 시집을 출간했다. 108편 중에 절반은 창작시이고, 나머지 절반은 그가 좋아하는 불교 관련 시편들을 소개하는 형식이다. 그러므로 이 시집의 후반부는 편집자로서의 황경환 회장의 모습인데 그의 독서 이력을 비롯한 광범위한 교양 취미를 엿볼 수 있다. 초기 경전 공부의 면모를 살필 수 있는가 하면 〈왕오천축국전〉의 저자 혜초스님의 창작시도 소개하고 있다.

달밤에 고향길 하늘 보니
뜬구름 시원스레 흘러가누나.
저편에 소식 적어 부칠 수도 있으련만
빠른 바람결은 아랑곳을 하지 않네.

내 나라 하늘은 먼 북쪽 끝
이곳은 남의 땅 서쪽 모퉁이
무더운 남쪽에는 기러기도 없으니
뉘라서 계림을 향해서 날아가 줄까.

혜초가 신라 출신이 아니라는 이설을 잠재우기 위해 확고부동한 증거를 찾아서 보여주자는 의도도 있는 듯하다. '계림'은 신라의 별칭이다. 고국을 떠나 먼 이방을 떠돌아야 하는 나그네의 설움은 천삼백 년 전이나 지금이나 다를 바 없다. 인용시는 그의 애송시이다. 천년의 시간을 무화시키면서 '지금 여기'의 독자들에게 혜초스님을 불쑥 소개하는 방식이다.

이퇴계의 시조에 "고인도 날 못 보고 나도 고인을 못 뵈, 고인을 못 뵈어도 녀던 길 앞에 있네. 녀던 길 앞에 있거든 아니 가고 어떨꼬."라는 게 있다. '녀던 길'이란 '다니던 길'이란 말이며 이는 곳 그가 남긴 '글월'을 말한다. 즉 '옛 성인의 책을 많이 읽어야 한다'는 계도적인 시조이다.

위의 〈망향시〉는 〈왕오천축국전〉에 수록되어 있기 때문에 독자들은 천삼백 년 전 인물인 혜초의 고향 그리워하는 마음과 부처님 성지를 순례하는 과정의 고단함을 함께 느낄 수 있다. 과거를 현재화시켜 '지금 여기'에 끌어다 놓는 것이다. 이것이 바로 언어의 힘이고 문장의 힘이다.

그러므로 그의 애독시에 대한 선별과 배치는 황경환의 불교 교양에 대한 탐색 여행에 함께 참여하는 과정이기도 하다. 경전을 일독하는 일 못지않게 다채로운 경험들을 맛볼 수 있다는 게 이채롭다. 초기 경전 가운데서도 주옥같은 시편들을 골라서 소개하는 대목은 이 시집의 진정한 매력이다. 〈니까야〉의 방대한 분량을 읽지 않고 선별된 게송들만 보아도 당대의 분위기를 느낄 수 있다.

3.

다음은 그의 창작시 분야이다. 도의 경지에 이슥하게 이르다 보면 어느덧 시심이 곧잘 터진다. 이를 일어 이도득시(以道得詩)라 한다. 선사들이 깨침의 순간에 터트리는 〈오도송〉 같은 형식이다. 하나의 도에 이르게 되면 미적 형식이 뒷받침하게 된다는 말이다.

    그는 '마음챙김[正念]'을 중시하는데, 이는 대상에 몰입하여 합일하는 마음의 작용을 뜻한다. 예를 들어 단전에 집중하면 '의수단전(意守丹田)'이요, 부처님에 집중하면 '염불(念佛)'이 된다. '념(念)'이란 지금[今]의 마음[心]으로 풀이한다. 마음이 현재에 머물면, 즉 깨어 있으면, 이 상태를 잘 관리하다보면 알아차림[正知]이 가능해진다. 그리하여 좋은 삶이란 "정지(正知), 정념(正念)하면서 미련없는 작별을" 준비하는 것이라는 메시지를 전한다. 매순간 깨어 있는 채로 열심히 정진하면서 지구별에서 기쁘게 떠날 준비를 하라는 계시이기도 하다. 첫 작품인 〈떠날 수 있도록〉을 보자.

  이 세상 소풍 왔다 돌아가는 그날
  미련도 아쉬움도 모두 다 내려놓고,

  '떠날 수 있도록'

  오늘 이 순간순간을 알아차리고[正知]
  마음 챙김[正念]하는 삶을 살도록 하자.

교훈적 메시지가 강하기 때문에 예술로서의 시의 성격이 상대적으로 두드러지지 않지만 "떠날 수 있도록'이라는 구절의 배치가 절묘하다. 5행시의 중간에 끼어서 1, 2행의 시심(詩心)과 4, 5행의 도심(道心) 사이에 걸려 있다. 여기에서 묘한 긴장감이 생기는데 핵심 메시지가 '떠나는 것'이다. 즉 '죽음에 대한 준비'인데, 그 전제조건이 '잘 사는 것'이다. 어떻게 살아야 하는가. 인생의 목적은 무엇인가에 대한 답변을 하는 것이다. 알아차림과 마음 챙김을 지속 가능하게 하는 삶만이 '잘 떠날 수 있는' 조건이 된다는 이야기이다.

부처님에 대한 여러 호칭 중에 '선서(善逝)'가 있다. '잘 가신 분'이란 뜻이다. 즉 육신의 몸을 받아 스스로 스러질 때, 다시 윤회하지 않는 상태인 열반의 경지로 나아가는 경우를 말한다. 이 언덕에서[此岸] 저 언덕으로[彼岸], 예토에서 정토로, 사바세계에서 극락세계로 가는 게 '잘 가는' 것이다. 위의 시에서 '떠날 수 있도록'이라고 노래하는 대목은 바로 이렇게 '잘 가는' 상태를 말하는 것이지 '세상과 작별한다'는 죽음에 대한 예비 선언이 아니다.

시집의 제일 첫머리에 왜 이 작품을 배치했을까. 시인이 독자들에게 전하고자 메시지의 핵심을 파악하는 게 중요하다. '잘 가시기 직전'의 부처님 말씀이 떠오른다. 팔순의 나이에 심하게 설사병을 앓고 난 직후이다. 외도의 질문에 마지막으로 답을 하고 그에게 구족계를 내려주면서 모두를 향해 말씀을 던지신다. "게으르지 말고 부지런히 정진하라."

  정진이란 무엇인가. 시인은 답한다. 우리 모두가 할 수 있는 것은 알아차림과 마음챙김이다! 과거에 얽매이거나 미래를 예단하지 말고 지금 이 순간에 충실하라. 무언가에 평온하게 몰입하고, 그것에 몰입하고 있다는 것을 알아차리고, 시간이 지남에 따라 알아차린다는 지각작용마저 벗어버리고, 그러면 구름이 가려진 달이 드러나는 것처럼 행복이 저절로 드러나게 되나니, 이것이 인생의 답이란다.

2024년 12월

동국대학교 총장
문학박사 윤 재 웅

추
천
의
글

　사)21세기 불교 포럼의 황경환 이사장님(이하 '저자'로 표기)이 이번에 『正知, 正念 하면서 미련없는 작별을』이라는 시집을 출간하셨다. 자작시 54편과 평소 외울 정도로 좋아하는 시 54편, 이렇게 총 108개의 시로 구성된 시집이다. 제목을 듣는 순간, 초기 불교 수행에 대한 그 뜨거운 열정이 짧은 시구 안에 어떻게 응축되었을지 궁금했다. 2020년 21세기 불교 포럼이 출범하고, 이후 불교학연구회와 공동 학술 사업이 진행될 때 처음 만난 저자에 대한 인상은 '강렬함' 그 자체였다. 촌각을 다투며 수행해도 모자랄 판에 넋 놓고 앉아있다며 카랑카랑한 목소리로 수행의 중요성을 강조하였다. 그 단호한 모습에, 불자라고 하면서도 나태한 삶에 머무르고 있는 내 자신이 부끄러웠던 기억이 아직도 생생하다.

　이 책은 저자가 늘 강조하던 이야기들을 시의 형태를 빌려 간결하면서도 함축적으로 표현하고 있다. 인간이 갖는 번뇌를 상징하는 108이라는 숫자에 맞추어 시의 편수를 정한 것은, 갈애渴愛에 사로잡혀 한 치 앞도 모른 채 위태롭게 살아가는 우리네 삶을 자각하고, 매 순간 정지, 정념하며 살아가야 한다는 메시지를 담고자 한 것으로 생각된다. 정지, 정념은 사념처四念處 수행과 관련하여 초기 불교에서 중요한 의미를 갖는다. 올바르게 알아차리고 어떤 선입견이나 편견도 없이 있는 그대로 관찰하는 정지와 정념을 통해 몸[身]·느낌[受]·마음[心]·현상[法]을 있는 그대로 알아차리고 관찰함으로써 무상, 고, 무아의 삼법인을 온전하게 인식할 수 있게 된다. 삼법인의 온전한 인식은 탐진치를 제거하고 집착과 번뇌로부터 벗어나는 기반을 마련하는, 이른바 열반에 도달하는 핵심 과정이라 할 수 있다. 이에 초기 불교 경전에서는 길을 갈 때도, 서 있거나 앉아있거나 누워 있을 때도 항상 정지, 정념하며 사념처 수행을 지속해 갈 것을 강조한다.

　이 책은 우리가 정지, 정념을 수행하고 이를 통해 삼법인을 인식해 감으로써 본래 내 것이 아닌 것을 내 것이라 착각하고 집착하는 행위로부터 벗어나 고통에서 멀어질 것을 강조한다. 죽음이라는 예정된 종착역이 기다리고 있음에도 욕망에 휘둘려 정신 없이 살아가는 우리네 인생에 정지 신호를 보내는 것이다.

　저자의 자작시 중 필자는 개인적으로 "바란다는 미래에 있는 것이고 회한은 지나간 과거에 대한 것이다. 참 행복을 추구하는 사람은 자신의 마음이 과거에 있거나 미래에 끄달리지 않는 오직 지금 이 순간을 알아차리고[正知] 마음챙김[正

념]할 뿐이다."라는 '정지正知sampajañña, 정념正念 sammāsati'이라는 제명의 23번째 시가 가장 마음에 들었다. 현재의 행복을 놓친 채 과거와 미래로 자꾸만 달아나려는 마음을 꽉 붙잡아 현재로 돌려놓고, 내 몸과 마음의 움직임을 관찰하며 탐진치를 소멸해 간다면 누구나 행복한 삶을 영위할 것이라는 저자의 확신이 느껴지는 시이다.

    절제된 표현 속에 오랜 세월 초기불교를 공부하고 실천해 온 저자가 삶을 바라보는 지혜를 응축해 낸 이 책을, 고요하게 자신의 삶을 돌아보며 성찰의 시간을 갖고 자 하는 이들에게 추천하는 바이다.

2024년 12월

동국대학교 한국불교인문학과 교수
문학박사 이 자 랑

목차

추천의 글 • 06
서언 • 21

I

1. 떠날 수 있도록 • 29
2. 관념의 담장밖에 • 30
3. 심우산방의 가을 • 31
4. 황금색 은행잎은 잎새가 되어 • 32
5. 혹한酷寒이 오기 전에 • 33
6. 갈애渴愛, Tanhā • 34
7. 붉은 화로 위 한 송이 눈꽃 • 35
8. 고향생각 • 36
9. 천천히 갑시다 • 37
10. 빛과 향기 • 38
11. 잃을 것을 염려하는 자여 • 39
12. 비짐을 따라가면 • 40
13. 내가 있어 대상이 있는 것 • 41
14. 삼매三昧(산스크리트어:samādhi)·I
    염불念佛·II • 42
15. 취사심取捨心을 내려놓고 • 43
16. 성자에게 선행은
    쉽기만 한데 • 44
17. 허공에 걸린 달을 • 45
18. 동남산 자락에
    석양이 짙어 갈 때 • 46
19. 만남은 이별의 약속이 되어 • 47
20. 인과의 법칙 • 48
21. 봄, 봄, 봄이 온다네 • 49
22. 놓아버려라[放下着] • 50
23. 정지正知, sampajañña,
    정념正念, sammāsati • 51
24. 산화소야조가山花笑野鳥歌 • 52
25. 2023년 3월 2일
    저녁 무렵(7시 30분)에 • 53
26. 무지無知 속에 살아가는
    어리석은 사람은 • 54

- 27. 명지明知 속에 살아가는 지혜로운 사람은 •55
- 28. 범부凡夫와 성자聖者란? •56
- 29. 바른 교리敎理 없는 수행은? •57
- 30. 세간世間과 출세간出世間 •58
- 31. 인간의 몸을 받아 •59
- 32. 죽음이란? •60
- 33. 오직 이 순간을 •61
- 34. 그대의 진정한 친구는 •62
- 35. 나는 이제 알겠네·Ⅰ •63
- 36. 나는 알았네·Ⅱ •64
- 37. 갈애渴愛, Tanha의 속성 •65
- 38. 꽃은 피어도 •66
- 39. 오늘 하루를 •67
- 40. 소리가 없다 하여 •68
- 41. 무지無知와 명지明知란? •69
- 42. 소유와 무소유란? •70
- 43. 세월은 스쳐 가고 •71
- 44. 삶의 여정을 맑고 아름답게 •72
- 45. 무상無常 •73
- 46. 풀은 마르고 꽃은 떨어지되 •74
- 47. 어느 노장님의 열반송 •75
- 48. 유루有漏 의식意識 상태 •76
- 49. 내가 사라진들 •77
- 50. 살기 위해 바쁜가, 죽기 위해 바쁜가? •78
- 51. 사성제[苦集滅道]에 대한 올바른 이해 •79
- 52. 중생의 어리석은 욕망의 불길 •80
- 53. 불교를 바르게 이해하면 •81
- 54. 텅 빈 마음의 고귀한 행복·Ⅲ •82

『K4.여시어경』「보증품」중에서 •83

II

55. 신라의 고승
　　원효(元曉, 617-686) 스님의 시　●87
56. 혜초(慧超, 704-787)
　　왕오천축국전 중에서·I　●88
57. 혜초(慧超, 704-787)
　　왕오천축국전 중에서·II　●89
58. 고산 윤선도(1587-1671)　●90
59. 토머스 칼라일(1795-1881)　●91
60. 경봉(鏡峰, 1892-1982) 스님
　　오도송悟道頌·I　●92
61. 경봉(鏡峰, 1892-1982) 스님
　　오도송悟道頌·II　●93
62. 산궁수진 의무로
　　山窮水盡 疑無路　●94
63. 에밀레종에 새겨진 절규　●95
64. 달마조사서래의(達磨祖師 西來意,
　　달마가 동쪽으로 온 까닭은?)　●96
65. 『법구경』(5품 64, 65)　●97
66. 경허(鏡虛, 1849~1912) 스님
　　오도송悟道頌　●98
67. 『로히땃사경』(A4:45)　●99
68. 『법구경』(Dhp. 119-120)　●100
69. 『법구경』(Dhp. 178)　●101
70. 『숫타니파타』(Stn. 63)　●102
71. 『법구경』(Dhp. 2품 21)　●103
72. 셰익스피어(1554-1616)의
　　소네트(64)　●104
73. 만해(萬海 1879~1944) 스님
　　오도송悟道頌　●105
74. 『대반열반경』(D16:3, 51)　●106
75. 이별의 노래
　　- 박목월(1915-1978)　●107
76. 셰익스피어의 소네트(146)　●108

77. 문무대왕(626~681)
   유시遺詩 • 109
78. 셰익스피어의 소네트(129) • 110
79. 『숫타니파타』(Stn. 75) • 111
80. 우빨라반나장로니
   (『테리가타』 11장 234경) • 112
81. 쑤마나장로니
   (『테리가타』 1장 14경) • 113
82. 『모가라자경』
   (『숫타니파타』 1119경) • 114
83. 아난다 존자의 시
   (『테리가타』 17장 3품) • 115
84. 『법구경』(Dhp. 46) • 116
85. 담마딘나장로니
   (『테리가타』 1장 12경) • 117
86. 『법구경』 제15품 202
   「안락의 품」 • 118

87. 『숫타니파타』(Stn. 194) • 119
88. 『숫타니파타』(Stn. 558) • 120
89. 『법구경』 제20품 273
   「길의 품」 • 121
90. 니체의 명언(1844-1990) • 122
91. 『법구경』 제11품 153, 154 • 123
92. 중생의 고통이
   끝날 날은(S22:99) • 124
93. 『성스러운 진리 사성제四聖諦』
   (S56:1) • 125
94. 『우빨리 경』(M56:18) • 126
95. 『끊음 경』(S11:21) • 127
96. 『로히땃사 경』(S2:26) • 128
97. 『법구경』(13품170) • 129
98. 『랏타빨라의 경』(M82) • 130
99. 『성스러운 구함경』(M26:19) • 131

III

100. 『테라가타』 (17장 1품 979,980) • 132
101. 라훌라 존자의 시
　　『테라가타』 (4장 8품 295~298) • 133
102. 『대반열반경』 (D16:4,43) • 134
103. 『꾹꾸따원림경』 (S45:20) • 135
104. 『여름에 내린 눈』
　　　- 우조티까 사야도 • 136
105. 『참된 길동무』 (보리수잎 38) • 137
106. 『맛지마니까야』
　　　(M118경 등에서) • 138
107. 『뱀의 비유경』 (M22:22) • 139
108. 세속을 떠날 때
　　　- 알프레드 테니슨 (1809-1892) • 140
『교리문답의 작은 경經』 (M44-13) 중에서
『교리문답의 작은 경經』 (M44-28) 중에서
『디가나까 경經』 (M74)

發願文

거친 사해四海를
오온五蘊의 쪽배 타고 • 145

부록

회고사 • 148
사진으로 보는 황경환 • 152
에필로그 • 170

서 언

초기 불교의 교학과 수행 체계는 사마타(samatha)와 위빳사나(vipassanā)라는 두 축이 핵심을 이룬다. 여기에 반드시 동반되어야 할 원군이 정지正知와 정념正念이라고 강조할 수 있다. 정지와 정념은 고대 빠알리어로는 삼빠잔냐(sampajañña)와 삼마사띠(sammāsati)이고, 사마타(samatha)와 위빳사나(vipassanā)는 중국불교에서 지止와 관觀으로 한역漢譯되었다.

따라서 사마타는 삼매를 개발하고, 위빳사나는 통찰지를 개발하는 수행으로서 개발된 통찰지에는 대표적인 네 가지 큰 이익이 있다고 했다. 첫째 마음의 오염원을 제거하고, 둘째 성자들이 경험한 도와 과의 맛을 알게 되고, 셋째 멸진정에 들 수 있고, 넷째 공양 받을만한 자가 된다고 설명하고 있다.

서두에 이와 같이 설명하는 이유는 초기 불교의 교학과 수행 체계에서 사마타와 위빳사나라는 두 가지 축이 갖는 중요성 때문이다. 그리고 정지와 정념이라는 원군이 동반할 때 사마타와 바른 위빳사나가 가능하다는 것을 각인시키기 위함이다.

  우조티까 사야도께서는 초기불교인 테라와다불교(상좌부불교)의 학자를 비롯한 사부대중들에게 세계적으로 존경받는 선지식인이시다. 사야도께서는 언젠가 당신의 법문 가운데, 제자들이 부처님께 장차 불법의 흥망성쇠에 대한 질문을 드리자, "비구들이여, 마하사띠빳타나숫따(Mahāsatipaṭṭhāna-sutta)와 위빳사나(vipassanā)가 성성하면 불법은 흥할 것이고, 이 둘이 쇠약해지면 불법은 쇠퇴할 것이다."라고 말씀하셨다고 했다.

  본 108 시구절 중 54개의 시는 저자의 자작시이고, 나머지 54개의 내용은 저자가 평소 암기하고 있는 부처님께서 남기신 게송(『숫타니파타』와 『법구경』 등)과 부처님 직계 제자들이 남긴 『테라가타』(비구 스님들의 시)와 『테리가타』(비구니 스님들의 시) 그리고 역대 조사 스님과 큰 스님들께서 남기신 시를 포함해서 한 시대의 선지식으로 존경받았던 대문호들의 시 몇 편으로 구성하였다. 이것은 독자들의 흥미를 북돋아 보려는 저자의 의도를 편집에 반영한 것이다.

  본 시집의 핵심 주제가 '정지와 정념'인데, 태어난 존재는 반드시 죽음과 마주하게 된다는 것은 피할 수 없는 실존적 현실이자 운명이다. 정지, 정념을 알아차리고, 마음 챙김을 확립한 자는 인간이 운명의 포로가 아닌 인식하는 마음의 포로 즉 전도몽상顚倒夢想의 포로라는 것을 분명히 알게 된다. 그래서 불교의 시작과 끝의 모든 가르침이 이 같은 왜곡된 인식의 전도몽상顚倒夢想에서 벗어나라는 것이고, 그 대표적인 내용이 항상 하지 않은 것을 '항상 하다'라고, 즐거울 것이 없는데 '즐겁다'라고, 나라고 할 만한 것이 없는데 '나다. 나의 것이다. 나의 자아다.'라고, 깨끗할 것이 없는데 '깨끗하다.'라고 인식認識하는 상락아정常樂我淨의 왜곡된 인식에서 벗어나라는 것이다. 그 수단의 시작과 끝의 가르침이 부처님께서 깨달으신 사성제의 가르침이고, 여기에 포함되어 있는 것 또한 '정지와 정념이다.'라고 필자는 이해한다.

『법구경』(「천의 품」113경)에서는 내 안에서[五蘊] 생겨나고 사라지는 것을 보지 못하고 백 년을 사는 것보다, 내 안에서[五蘊] 생겨나고 사라지는 것을 정지정념正知正念하면서 하루를 사는 것이 올바른 삶이라고 했는데, 이것이 정지, 정념의 중요성을 설명하고 있는 또 하나의 핵심 내용이다.

끝으로 삼장법사 아짠 빤냐와로 진용스님을 모시고 2023년 사)21세기불교포럼에서 몇 차례의 법회가 있었다. 그 때 스님께서는 시종일관 불교수행의 핵심은 정지正知와 정념正念이라는 것을 강조하시면서 정지와 정념을 하면서 이 세상을 하직하는 사람은 악처에 떨어지지 않을 것이라는 말씀을 반복하신 바가 있다.

『상윳따니까야』(S55:21,22)에서도 제자 마하나마가 미래에 겪게 될 죽음의 두려움에 대해 질문 드리자, 세존께서는 "마하나마여, 그대의 마음은 오랜 세월을 불법승 삼보에 대한 믿음으로 굳건해지고 계행과 통찰지로 굳건해졌다. 마하나마여, 그러므로 그대는 죽음에 대해 두려워하지 말라. 마하나마여, 두려워하지 말라. 그대의 죽음은 나쁘지 않을 것이다. 그대는 나쁘지 않게 임종할 것이다."라고 말씀하셨다. 그리고 이 경의 주석서에서는 "마하나마는 그때 적어도 예류자預流者(수다원)였거나 일래자一來者(사다함)는 되었을 것이다. 그러므로 그는 선처善處에 태어날 것이고 그래서 죽음을 두려워할 필요가 없다."라고 세존께서 말씀하신 것으로 기술되어 있다.

이와 같이 초기 불교의 정지와 정념에 대한 확립은 별다른 왕도가 없고, 행주좌와行住坐臥 어묵동정語默動靜 가운데 지속적이고 부단한 연습과 정진을 통해서만 가능하다는 것을 다시 한번 인지했으면 한다. 정념正念이라는 불법佛法[다르마]의 위대한 보물 마음 챙김은 대상을 거머쥐고 대상에 깊이 들어가고, 대상에 확립되어 해로운 표상表相이나 해로운 심리현상[不善業]들이 일어나지 못하도록 마음을 보호해 주는 역할을 한다.

그러므로 수행자는 부지런히 노력해서 분명한 알아차림[正知]과 마음챙김[正念]으로 내 안에서 끝없이 일어나고 사라지는 정신적 물질적 과정을 지속적으로 철저히 관찰하고 유지해 나가는 것, 이것이 탐·진·치 삼독三毒을 무력화시키는 팔정도 수행이고, 사띠파타나(satipaṭṭhāna)이고, 위빳사나(vipassanā) 수행이며, 해탈과 열반에 이르는 노둣돌이 된다.

 이와 같이 진정한 수행자修行者란, 밤낮으로 알아차림[正知]과 마음챙김[正念] 안에서 자신의 마음이 어떻게 머무는가를 분명히 아는 자가 진정한 수행자이고 현자賢者라고 나는 정의定義한다.

2024년 12월

慶州 東南山 자락 尋牛山房에서

無塵 황경환

I

1. 떠날 수 있도록

이 세상 소풍 왔다 돌아가는 그날,
미련도 아쉬움도 모두 다 내려놓고,

'떠날 수 있도록'

오늘 이 순간순간을 알아차리고[正知]
마음 챙김[正念] 하는 삶을 살도록 하자.

2. 관념의 담장 밖에

관념의 담장 밖에 붉은 광명이
관념의 담장을 허물어 버리니

나다 나다 하던 나가, 자취가 없네

검은 것도 흰 것도 본래 아닌데
사람들은 검다 희다 시비를 한다.

3. 심우산방의 가을

만산홍엽 찬연한 동남산東南山 자락에

오늘따라 붉은 노을 짙게 드리우네

우리 집 마당에 노닐던 잡새들은

어둠이 찾아드니 제 둥지로 돌아가고

간간이 들려오는 이름 모를 새 소리가

한적한 내 마음에 조약돌을 던지네.

4. 황금색 은행잎은 잎새가 되어

10월이 내 은행나무 잎을 황금색으로 물들였네

11월이 지나가니 이제 거의 다 떨어지고

여기저기 한두 잎씩 매달렸다

저 잎들마저 연약한 가지로부터 곧 떠나가 버릴 걸

마치 비참한 수전노의 손가락에서 흘러 나가는 동전닢처럼

5. 혹한酷寒이 오기 전에

혹한酷寒이 오기 전에 겨울을 준비하자.

오늘 이 몸 성하다고

내일도 그러할까

근본으로 돌아가면 반야지般若智를 얻고

비침을 따라가면

생사윤회 고해苦海라네.

6. 갈애 渴愛, Taṇhā

갈애渴愛 Taṇhā로 인해

마음은 대상에 집착하고

집착한 마음의 대상은

자신의 자유를 빼앗아 간다.

7. 붉은 화로 위 한 송이 눈꽃

판지로 지은 누각 바람에 날려가고

바닷가 모래성은 파도가 쓸어 가네.

일어났다 사라지는 찰나찰나 무상함이여,

천 가지 생각과 만 가지 계획이

붉은 화로 위에 한 송이 눈꽃이리.

8. 고향 생각

해는 점점 서쪽으로 기울어 가는데
갈 길 몰라 헤매이니 이 일을 어찌할꼬
내 고향 어디 두고 타향인 이곳에서
이 일 저 일을 생각하니 눈물만 흐른다.
저곳이 나의 고향 별 떨기만 반짝거려
다르마[法] 모르는 그대에게 말 걸어 무엇하랴

9. 천천히 갑시다

여보세요, 친구, 서두르지 마세요.
무엇이 당신을 그토록 서두르게 하나요.
지나치게 서두르면 얻는 것보다
잃는 것이 훨씬 더 많을지도 몰라요.

이웃과 만났을 때 대화도 좀 진지하게 나누고
하늘에 두둥실 한 만삭 달도 한 번 보고
초승달인가? 눈썹달인가?
구름에 달이 가는지, 달에 구름이 가는지……

왜 서두르는 데 그렇게 열심입니까?
그래 봐야 도착할 종착역은 뻔한 곳인데
조용히 조용히 고개를 되돌려서 눈을 감으면
헐떡이던 마음은 고요해지고 희열과 행복이 나를 찾아
옵니다.

10. 빛과 향기

성냄 없는 얼굴의 밝은 모습과
미움 없는 마음의 맑은 향기는
밝은 모습 가운데 으뜸가는 모습이요
맑은 향기 가운데 으뜸가는 향기라네.

꽃의 향기가 그 아무리 좋다 해도
바람을 거슬러 미치지 못하지만
성냄 없는 밝은 모습, 미움 없는 그 마음은
세찬 바람 거슬러 미치지 않는 곳 없어라.

11. 잃을 것을 염려하는 자여

잃을 것을 염려하여 벌벌 떨고 있는 친구여!
그대 지금 아무것도 가진 것이 없다면 그러한 공포증은 없을 것이네.
그대의 것이 어디 있나?

모두가 관념觀念이 만든 허상虛相일 뿐인데.
무상無常을 체득하고, 고苦를 증득하고 무아無我를 요달하여 해탈의 피안彼岸으로
"가테 가테, 파아라가테, 파라상가테, 보디, 스와하"
"gategate pāragate pārasaṁgate bodhi svāhā"

12. 비침을 따라가면

아무리 화사하고 아름다운 것이 그대 앞에 나타나더라도
그 비침에 현혹되거나 취하려 하지 말아라.
그것은 잠깐 그대 앞에 나타났다 스치고 지나가는
환상이고 허깨비 같은 것.

이와 같이 보고 이와 같이 그 대상을 철견하면
진실로 무상을 바로 알고 바로 보는 것,
그것 또한 팔정도의 첫 번째 각지인
정견正見(sammā-diṭṭhi)이라 한다네

13. 내가 있어 대상이 있는 것

남이 어떻다, 세상이 어떻다 시비하지 마십시오.
결국 내가 있어 남이 있고,
세상은 자신의 의식이 만들어 놓은 부산물
그 이상도 그 이하도 아닙니다.
내가 없으면 남도 없고, 세상이 또한 어디에 있겠습니까?

14. 삼매三昧 (산스크리트어: samādhi)·Ⅰ

초기경전에서는
입정入定에 자유자재하고
출정出定에 자유자재하고
입출정入出定에 자유자재하고
향상向上에 자유자재한다고 해도
부처님께서는
"마음의 오염원을 제거하고 모든 번뇌심煩惱心에서 해방되는 수행이 그 보다 훨씬 더 우선한다"고 말씀하셨다.

염불念佛·Ⅱ

눈으로 보아도 보는 대상에 걸리지 않고
귀로 들어도 듣는 소리에 걸리지 않고
시비와 분별의 취사심取捨心 없이
오직 이 순간을 정지正知, 정념正念 하는 것이
진정한 염불念佛 이라고 나는 말한다.

15. 취사심取捨心을 내려놓고

충만하여 취할 것이 없고
소유한 것 없으니 버릴 것 또한 없어라.
양쪽 언덕 고요해 아무 일 없다 하니
누가 이 사람의 행복을 아시나요?

16. 성자에게 선행은 쉽기만 한데

성자에게 선행은 쉽기만 한데
악인에게 선행은 어렵고 어려워
악행은 악인에게 쉽고 쉬운 일
성자에게 악행은 있을 수 없어.

17. 허공에 걸린 달을

허공에 걸린 달을
내가 보니 그도 나를 보고
내가 보지 않으니
달도 나를 보지 않는다.
그래서 '세계는 내 의식 안에 있다'
'The world is exists in my consciousness'

18. 동남산 자락에 석양이 짙어 갈 때

동남산 자락에 석양이 짙어 갈 때,
그 집 앞 지나면서 설레던 그리움
이제는 잊어야지 잊으려고 해 보지만
잊으려는 그 마음은 이 마음을 붙잡네.

남산골 달빛 아래 풀벌레 울 때,
애타는 그리움에 거닐던 논두렁길
지워야지 말아야지 부질없는 옛날 일을
은하수 쪽배에 실어 떠나보내리.

19. 만남은 이별의 약속이 되어

스산한 바람이 불어오는 늦은 가을
가지 떠난 잎새들이 바람에 날려간다.
만남은 이별의 약속이 되었고
생성될 때 소멸은 이미 결정된 일일진대
오늘따라 무상의 색깔이 더욱더 짙어지네.

20. 인과의 법칙

아름다운 만남은 아름다운 만남의 인과 속에 있고,
괴로운 만남은 괴로운 만남의 인과 속에 있네.
누가 주고 누가 받는가?
모두가 나로부터 비롯된 원인인 것을!

21. 봄, 봄, 봄이 온다네

앗, 깜짝이야! 홍매꽃 봉오리야
한겨울 내내 많이도 갑갑했나 보다.
아직은 쌀쌀한 2월인데 밀치고 나온 걸 보니

이제 곧 붉게 만개하려고

가지가지 저들 마다 야단법석 경쟁들이구나
아무튼 반갑다 홍매꽃 봉오리야
네가 전해주는 그 미소, 봄소식에

내 마음은 두근두근 내 얼굴은 울긋불긋.

22. 놓아버려라 [放下着]

물질적인 것이든 정신적인 것이든
아무것도 잡지 말고 놓아 버려라.
그러면 아무것도 잃을 것이 없어서 평온하리라.
해야 하는 일에는 최선을 다하되
어떠한 보상이나 기대에 연연하지 말라.

기대하지 않아도 쌓은 덕과 이익은 그대의 것이니,

조금 놓아버리면 조금의 평화가 올 것이며,
크게 놓아버리면 큰 평화를 얻을 것이다.
만약, 완전히 놓아버리면 완전한 평화와 자유를 얻을 것이니,
옛 선사들은 이것을 진실한 방하착放下着이라고 하였다.

23. 정지正知. sampajañña, 정념正念. sammāsati

바람은 미래에 있는 것이고
회한은 지나간 과거에 대한 것이다.

참 행복을 추구하는 사람은
자신의 마음이 과거에 있거나
미래에 끄달리지 않는

오직 지금 이 순간을 알아차리고[正知]
마음 챙김[正念] 할 뿐이다.

24. 산화소야조가 山花笑野鳥歌

봄 내음이 그윽한 춘삼월이다.
산 꽃은 활짝 웃고 들새들은 지지배배

우리 집 뜰에 핀 청매 꽃을 따다가
우려낸 녹차 잔에 살며시 띄워놓고

그 맛과 그 향기를 사띠[念]하는 휴일 오후
삼매의 이 희열을 누구에게 말해줄까?

25. 2023년 3월 2일 저녁 무렵(7시 30분)에

서쪽 하늘 저녁녘에 두 별이 어깨동무를 한다.
한 별은 금성이고 또 한 별은 목성이다.
두 팔을 쭉 뻗으면 잡힐 듯 느껴진다.
밝은 빛 두 별의 아름다운 조우가
너무나 신비롭고 너무나 아름답다.
기묘한 우주의 저 신비스러움을 몇이나 보았을까?

26. 무지無知 속에 살아가는 어리석은 사람은

무지無知 속에 살아가는 어리석은 사람은
오늘의 삶을 팔아
내일의 죽음을 사고,

명지明知의 삶을 살아가는 지혜로운 사람은
오늘의 삶을 불태워
내일의 죽음을 불태워 버린다.

27. 명지明知 속에 살아가는
    지혜로운 사람은

무지無知 속에 살아가는 어리석은 사람은
죽음을 자신의 운명運命으로 단정하지만,

무지無知를 타파하고 명지明知를 깨달은 지혜로운 사람은
죽음이란 인식認識하는 마음의 오류라는 것을 분명히 안다네.

28. 범부凡夫와 성자聖者란?

　무명無明의 의식에는 정신, 육체, 즉 오온五蘊은 내가 되고,
　무명無明을 벗어나 명지明知의 의식에는 정신, 육체, 즉 오온五蘊은 내가 아니네.

　또 무명無明의 의식 속에 있는 범부 중생에게는 오온五蘊도 있고 오취온五取蘊도 있지만,
　무명無明을 벗어난 명지明知의 의식 속에 있는 성자에게는 오온五蘊은 있으나 오취온五取蘊이 없다네.

　이처럼 오온五蘊은 있으나 오취온五取蘊이 적멸寂滅한 성자의 명호를 여래如來, 아라한阿羅漢, 정등각자正等覺者라 부른다네.

29. 바른 교리敎理 없는 수행은?

바른 교리 없는 수행은 위험하고,
바른 수행 없는 교리는 빈 깡통이다.

바른 교리는 눈과 같고,
바른 수행은 발과 같은 것.

눈 없이 발로만 걷는다면
강에 빠질 수도 있고,
절벽에 떨어질 수도 있다.

반대로 눈만 있고 발로 걷지 않는다면,
늘 그 자리에서
다람쥐가 쳇바퀴를 굴리듯 맴돌 뿐이다.

30. 세간世間과 출세간出世間

관념觀念의 족쇄에 묶여 있는 사람을 중생이라 하고,
관념의 족쇄를 풀어버린 이를 깨어난 이라 하네.

관념이 만든 세계를 세간世間이라 이름하고,
관념의 세계를 뛰어넘으면 그곳이 바로 출세간出世間이리.

그러나 세간世間과 출세간出世間이 어디 따로 있는가?
나 자신이 세간世間과 출세간出世間을 차별해 놓았네.

31. 인간의 몸을 받아

되돌아보고 되돌아보아도 세상이란 대도량大道場에
인간의 몸을 받아 왔다가 가는 길에 오직 의미 있는 일 하나,
그것은 담마의 법法, Dhamma을 만나
그 법을 바르게 이해하고 익히고 따르고 실천하며 사는 삶이
최상의 행복이고, 미래의 비전이고, 의미 있는 일입니다.

32. 죽음이란?

죽음이란 어느 때나 예고 없이 찾아올 수 있는 불청객 같은 것,
자신의 삶과 이별할 준비가 항상 되어 있어야 한다.
죽음이란 태어났기 때문에 반드시 맞이할 수밖에 없는
자연현상이다.

그러나 죽음보다 더 경계해야 할 대상은,
불선업不善業의 마음과 사성제四聖諦의 진리를 모르는
무명無明의 마음이다.

33. 오직 이 순간을

내 인생에 가장 행복의 날은 오늘,
내 삶의 결정적인 날도 오늘,
내 생애에서 가장 귀중한 날도
바로 오늘 지금, 이 순간이다.

어제는 지나간 오늘이오,
내일은 다가올 오늘이다.
그러므로 오늘 하루하루를
이 삶의 전부로 알고 살아가야 하리.

34. 그대의 진정한 친구는

그대의 진정한 친구는 바로 그대 자신이다.
그러나 그대 자신의 적도 또한 그대 자신이다.

자기 마음을 잘 다스리는 사람에게는
자기 자신은 진정한 자기 자신의 친구이지만,
자신의 마음을 잘못 다스리는 사람에게는
자기 자신이 자기 자신의 적이 된다.

그대의 진정한 친구를 탐·진·치의 속물俗物로 이용하지 말라.
그대의 진정한 친구를 탐·진·치의 속물로 이용하면,
당신의 진정한 친구는 당신의 원수가 된다.

35. 나는 이제 알겠네 · I

나는 이제 알겠네, 삼라만상 만유의 진실을.
모든 것은 원인과 조건에 의해서 일어나고
원인과 조건에 의해서 사라진다는 사실을.

이 일어나고 사라지는 찰나찰나 연속의 무상無常 속에서
'나다, 너다, 또한 세계다.'라고 이름을 붙인다.
그래서 삼라만상 만유의 삼계三界가 공이요, 무상이요,
무아라 했다네.

無塵悟道頌 I (2024)

36. 나는 알았네 · Ⅱ

나는 알았네!
나는 그동안 수 없는 생을 윤회에 윤회를 거듭했다는 것을,

이로 인한 고통과 괴로움과 슬픔은 나 자신의 번뇌심이 만든 탐진치貪嗔痴
삼독三毒이 그 원인原因이고 원흉元兇이었다.

이제 그 무지無知의 업業을 타파하고 명지明知의 길을 가야지,
그래서 모든 번뇌에서 해방되고 금생에 남은 일 다해 마치면

나의 태어남은 더 이상 없을 것이다라는 것을……

無塵悟道頌Ⅱ(2024. 9. 9)

나는 수행을 왜 하는가?
그것은 고통과 고통의 원인인 모든 번뇌심에서 해방되어,
해탈과 열반을 얻기 위해서이다.
그 지름길은 무엇인가?
정지正知와 정념正念이고 사마타(samatha)와 위빳사나(vipassanā)
명상수행이 그 핵심이다.

37. 갈애 渴愛 Taṇhā의 속성

갈애는 목마른 자가 물을 원하듯이
격렬하고 끝없으며 강하다.
갈애는 인간의 이성도 지성도
모두 불태워 버린다.

이 갈애를 없애지 않는 한
마음에 평화는 있을 수 없고,
진정한 행복 또한 찾아오지 않는다네.

38. 꽃은 피어도

우리 집 뜰에 핀 봄꽃이 아름답다.
벚꽃이 아름답고, 목단이 아름답고,
천리향, 만리향, 작약도, 영산홍도 아름답다.
그러나 밤낮이 바뀌고 시절이 스쳐 감에 시들어 떨어지고
말라버린 모습에서 나의 육신도
또한 그와 다를 것이 없음을 떠올리게 한다.

39. 오늘 하루를

 오늘 하루가 내 인생의 마지막 하루라고 처절하게 생각해 보자.
 지난 일 년 365일을 살면서 한 번도 깨어나는 데 관심을 갖지 못했던
 무지無知의 허송세월을 깊이 뉘우치고,
 오늘 하루 깨어있는 명지明知의 삶을 사는 것,
 그 하루의 삶이 지난 1년 365일보다 훨씬 더 의미 있는 삶이라면
 오늘 하루를 인생의 마지막 하루인 것처럼
 정지正知 정념正念하는 삶이 되도록 노력하자.

40. 소리가 없다하여

소리가 없다 하여, 고요가 아니고
소리가 있다 하여, 고요가 없는 것이 아닐세.
고요를 위해 고요해지려 한다면
그것은 이미 고요의 본질에서 벗어나 있네.

말이 없다 하여, 침묵이라 할 수 없고
말을 한다 해서, 그것이 침묵하지 않는다고 할 수는 없네.
진정한 침묵이란
말을 하고, 하지 않음에 있지 않다네.

41. 무지無知와 명지明知란?

　무지無知속에 사는 사람을 어리석은 이라 하고,
　명지明知속에 사는 사람을 지혜로운 이라 하네.

　어리석은 사람은 항상 미래의 바란다에 헐떡이고,
　지혜로운 사람은 오늘 이 순간을 정지正知 정념正念하면서
살아 간다네.

　또 어리석은 사람은 오늘의 삶을 팔아 내일의 죽음을 사고,
　지혜로운 사람은 오늘의 삶을 팔아 내일의 죽음을 불태워
버린다네.

42. 소유와 무소유란?

솔직히 말해 그대가 소유하고 있는 것이
그대 자신을 소유한다는 사실을 아는가?
그대, 참으로 아무것도 소유하지 말게나.
금가루가 귀한 것이지만
티끌만큼만 눈에 들어가도 가시가 된다네.

나는 어느 누구 그 무엇에도 걸리지 않는
무소유의 자유인이 되고 싶다.
무소유란 가진 것이 있고 없음을 떠나 있는 것,
진실한 무소유란, 소유하고 있는 것에 자신이 소유 당하지 않는 것,
그것이 진정한 무소유이다.

43. 세월은 스쳐 가고

세월이 스쳐 가고 낮과 밤이 바뀌니
청춘은 차츰차츰 우리를 버리려 하네.

다가오는 죽음의 두려운 그림자는,

인식하는 마음의 오류라고 꿰뚫어 보는 이.

오늘의 삶을 팔아 내일의 죽음을 사는 바보짓은 하지 않는다네.

44. 삶의 여정을 맑고 아름답게

 금생에 삶의 여정이 맑고 아름다우면, 삶의 끝이라는 죽음 또한 맑고 아름다운 것은 인과因果의 법칙,

 금생의 맑고 아름다운 삶은 다음 생[再生]에 반드시 맑고 아름다운 세계를 보장받을 수 있다고 세존께서는 말씀하셨다네.

45. 무상無常

만산홍엽 짙어가는 천고마비의 가을 하늘 아래

삼계[욕계·색계·무색계]의 만유일체 제상이
일어났다 머물렀다 공空으로 돌아가네

이 실상의 모든 조화를 무상無常이라 하고,
또 이것을 "상호 의존에 의한 조건적 발생의 법칙(dependent origination)이라고 한다네."

46. 풀은 마르고 꽃은 떨어지되

오온五蘊의 덧없음이 풀과 같고,
인생 삶의 모든 영화榮華가 풀에 꽃과 같으니,
풀은 마르고 꽃은 떨어지되,

부처님 법Buddha Dhamma만은 영원하다 하였으니,

법을 섬으로 삼고 법을 의지처로 삼아 머물고,
자신을 섬으로 삼고 자신을 의지처로 삼아 머물고,
다른 대상을 섬으로 삼고, 다른 대상을 의지처로 삼아 머물지 않는다.

47. 어느 노장님의 열반송

이 세상 저세상 오고 감을 상관치 않으나
은혜 입은 것이 대천세계만큼인데
은혜 갚은 것은 작은 시내 같음을
한스러워할 뿐이다.

위 내용은 어느 노장님의 열반송이다.

누구라도 태어나면 반드시 늙고 병들어 죽음의 순간을 맞게 된다.
 그 생의 마지막 순간에 우리가 간절히 원하게 될 것,
 그것을 지금 이 순간, 놓치지 않도록 하자.

48. 유루의식有漏意識 상태

 황금으로 이루어진 산이 있어,
 그 황금의 두 배가 되어도 한 사람에게 충분하지 않으리.

 이것을 부처님께서는 어리석은 중생의 유루의식有漏意識 상태라고 말씀하셨다네.

 원하는 것에는 끝이 없지만,
 원하는 것으로부터의 자유는 끝이 있다네.

49. 내가 사라진들

나 여기 있은들 어떠하고
나 여기에서 사라진들 무엇이 달라지랴.
목마르면 물 마시고 피곤하면 쉬어가지
걷고 또 걸어 봐도 도달할 수 없는 곳을
오늘도 허겁지겁 달려가는 나그네.

찬 서리 내리니 낙엽 떨어지고,
바람 불고 비 오고 눈이 내리네.
부는 대로 오는 대로 내리는 대로
걷고 또 걸어 봐도 도달할 수 없는 곳을
오늘도 허겁지겁 달려가는 나그네.

50. 살기 위해 바쁜가, 죽기 위해 바쁜가

끓이는 죽 솥에서
끓고 있는 죽처럼,
바람에 흔들리고 깜박이는 촛불처럼,
그대 마음은 어디를 향해 여기저기 쉴 새 없이
그렇게 떠돌고 있는지 통찰해 보라!

연약한 마음을 지혜롭게 다스리는 것은
삶에 있어 매우 중요한 일.
그래서 자신의 마음을 불선업不善業에 물들지 않도록
문지기 역할을 해주는 마음 챙김[sati]의 감시하에 두라고
하는 것이다.

51. 사성제[苦集滅道]에 대한 올바른 이해

  나는 불교의 이치를 잠깐이라도 제대로 알기 위해 평생 노력을 했습니다.
  진실한 마음으로 불교의 핵심,
사성제[苦集滅道]에 대한 올바른 이해력만 있다면
"나는 무엇인가?(What am I?),"
"나는 어디서 왔는가?(Where do I come from?),"
"나는 어디로 가는가?(Where am I going?)"라는
어쩌면 모든 인류의 화두話頭에
'이렇다'라고 대답할 수 있을 것입니다.

52. 중생의 어리석은 욕망의 불길

  욕망은 쾌락에 굶주리고 쾌락은 욕망에 굶주리네.
  감각적 쾌락에 대한 욕망의 집착을 그만두어야 함은 부처님 네 가지 고귀한 진실의 논리적 귀결이자 요청이다.
  감각이 벌이는 현란한 요술 쇼, 그 이면을 철저히 통찰하라.
  챙김 없는 마음의 경향은 모든 고통의 원인과 조건이 된다네!

53. 불교를 바르게 이해하면

불교를 바르게 이해하면
자신과 세상을 바르게 보게 되고
자신과 세상을 바르게 보게 되면
정직한 마음, 봉사하고 베푸는 자비로운 마음이 일어난다.

자신과 세상을 바르게 보는 이에게
걱정과 근심과 탄식과 두려움 따위는 발붙일 곳을 잃게 되고,
이것이 대자유 열반의 노둣돌이 된다.
이 길은 오직 반야바라밀[8정도] 안에 정확하게 기술되어 있으며 그 실천實踐은 자신에게 있다.

54. 텅 빈 마음의 고귀한 행복

하늘[우주]이 인간에게 준 고귀한 선물이 있다.
그것은 "텅빔"이라는 마음의 세계다.

이 고귀한 텅빔의 마음에는 무지無知에서 비롯된 모든 번뇌심에서 해방된 취사심取捨心이 없는 오취온五取蘊이 사라진 세계다.

이 세계는 어떠한 대상과 마주해도 걸림이 없는 대자유, 즉 해탈과 열반이라고 지칭한다.

이 여의주如意珠와 같은 보배는 하늘[우주]이 누구에게나 차별 없이 주는 고귀한 선물이지만, 이는 중생들이 일체유위법一切有爲法이 공성空性이고, 공상空相이라는 실상을 체득, 여실지견如實知見한 이에게만 주어진다.

無塵悟道頌 Ⅲ (2024. 11. 11)

경전산책

『K4.여시어경』「보증품」중에서

◎ 탐욕으로 탐내는 중생들은 사악처四惡處의 불행한 곳으로 가나니 통찰력을 가진 이들은 이러한 탐욕을 바른 구경의 지혜로 버리노라. 버리고 나서는 이 세상으로 결코 다시 되돌아 오지 않느니라.

성냄으로 화를 내는 중생들은 사악처四惡處의 불행한 곳으로 가나니 통찰력을 가진 이들은 이러한 성냄을 바른 구경의 지혜로 버리노라. 버리고 나서는 이 세상으로 결코 다시 되돌아 오지 않느니라.

어리석음으로 미혹한 중생들은 사악처四惡處의 불행한 곳으로 가나니 통찰력을 가진 이들은 이러한 어리석음을 바른 구경의 지혜로 버리노라. 버리고 나서는 이 세상으로 결코 다시 되돌아 오지 않느니라.

분노로 분노하는 중생들은, 모욕으로 모욕하는 중생들은, 자만으로 자만하는 중생들은 사악처四惡處의 불행한 곳으로 가나니 통찰력을 가진 이들은 이러한 분노와 모욕과 자만을 바른 구경의 지혜로 버리노라. 버리고 나서는 이 세상으로 결코 다시 되돌아 오지 않느니라.

"비구들이여, 한가지 법을 버려라.
 그러면 나는 그대들에게 다시는 돌아오지 않는 불환자不還者의 경지를 보증하겠노라. 무엇이 한가지인가?
 비구들이여, 탐욕이라는 한 가지 법을 버려라.
 그러면 나는 그대들에게 다시는 돌아오지 않는 불환자不還者의 경지를 보증하겠노라."

 그러므로 탐욕을 최상의 지혜로 알고
 철저하게 알고 그래서 마음이 탐욕으로부터 빛바래고
 오염원을 제거하는 것에 의해서 이것은 증득證得되는 것이다.

II

참고자료

5부 초기 경전의 첫 부호

① 맛지마니까야(M) 중부경전
② 상윳따니까야(S) 상응부경전
③ 앙굿따라니까야(A) 증지부경전
④ 디가니까야(D) 장부경전
⑤ 쿳다카니까야(K) 소부경전

55. 신라의 고승
　　원효(元曉, 617-686) 스님의 시

"붕새가 청운에 날아오르면
산악의 나지막함을 알게 되고
하백河伯이 개천을 떠나 넓은 바다에 당도하면
정작 개천의 비좁음을 부끄럽게 여긴다."

56. 혜초(慧超, 704-787)
왕오천축국전 중에서 · I

그대 아직도 한숨짓는가
나는 탄식하네 동쪽 길 아득하여
길은 멀고 산령은 높은데
험한 꼴짝 물가엔 도둑 떼 소리친다.
새도 날아가다 산령 보고 놀라고
사람도 가다가 길을 잃는 곳
한생에 눈물 흘릴 일 없다 하였더니
오늘은 한없이 쏟아지네.

57. 혜초(慧超, 704-787)
왕오천축국전 중에서 · Ⅱ

달밤에 고향길 하늘 보니
뜬구름 시원스레 흘러가누나
저편에 소식 적어 부칠 수도 있으련만
빠른 바람결은 아랑곳을 하지 않네.

내 나라 하늘은 먼 북쪽 끝
이곳은 남의 땅 서쪽 모퉁이
무더운 남쪽에는 기러기도 없으니
뉘라서 계림을 향해 날아가 줄까.

58. 고산 윤선도(1587–1671)

꽃은 무슨 일로 피면서

쉬이 지고 풀은 어찌하여 푸르른 듯 누르나니

아마도 변치 아닐손 바위뿐인가 하노라.

59. 토머스 칼라일(1795–1881)

삶이란 무엇? 녹고 있는 얼음판,
볕 좋은 해변가 바다 위에 떠 있는 것.
신나게 타고 가지만 밑에서 녹아들어
우리는 가라앉아 보이지 않는다.

인간이란 무엇? 어리석은 아기
헛되이 노력하고 싸우고 안달하고
아무런 자격도 없이 모든 걸 원하지만
작은 무덤 하나 얻는 게 고작일세.

60. 경봉(鏡峰, 1892-1982) 스님
오도송悟道頌 · I

달빛은 구름에 어려 희고
솔바람은 이슬에 젖어 향긋하네.
좋다, 이 참소식이여!
머리를 돌이켜 자세히 보라.

61. 경봉(鏡峰, 1892-1982) 스님
오도송悟道頌 · II

내가 나를 온갖 곳에서 찾았는데,
오늘 문득 그것이 목전에 나타났네.
허 허 이제 만나 한 점 의혹 없으니
우담바라 꽃 빛이 온 법계에 흐르네.

62. 산궁수진의무로 山窮水盡疑無路

경봉(鏡峰, 1892-1982) 스님

산궁수진의무로 山窮水盡疑無路
수류화개우일촌 水流花開又一村

산이 다하고 물이 다해서 길이 없는 줄 알았는데
물 흐르고 꽃이 피는 또 한 마을이 있었네

63. 에밀레종 명문銘門에 새겨진 절규

"신종神鍾이 만들어지니 그 모습은 산처럼 우뚝하고, 그 소리는 용의 읊조림 같아 위로는 지상의 끝까지 다하고 아래로는 땅속까지 스며드니, 이 종소리 울리는 곳마다 모든 악惡은 사라지고 착함이 일어서 나라 안에 태어나는 사람과 짐승에 이르기까지 바다에 이는 고운 물결처럼 고르게 깨달음에 올라 모든 고통에서 벗어나게 하십시오."

64. 달마조사 서래의 達磨祖師 西來意, 달마가 동쪽으로 온 까닭은

십만 리 머나먼 길 푸른 눈 만나고저
소림굴 봄바람에 9년을 보냈다오.
마침내 신광神光이를 만나지 않았던들
또다시 흘러가는 방랑객 되었으리.

65. 『법구경』 (5품 64. 65)

총명한 이는 지혜로운 이를 만나면
마치 혀가 음식 맛을 아는 것처럼
곧 도의 깊은 뜻을 깨닫게 되나
어리석은 사람은 아무리 가까이해도
마치 국자가 국 맛을 모르는 것과 같이 알지 못한다.

66. 경허(鏡虛, 1849~1912) 스님
오도송悟道頌

누군가가 콧구멍 없다는 소리에 문득 깨닫고 보니
삼천대천세계가 내 집임을 알았네.
유월에 연암산 저 아랫길.
야인野人은 일이 없다 태평가를 부른다.

67. 『로히땃사경』(A4:45)

"도반이여, 참으로 태어남도 없고 늙음도 없고 죽음도 없고 떨어짐도 없고 생겨남도 없는 그런 세상의 끝을 발로 걸어가서 알고 보고 도달할 수 있다고 나는 말하지 않는다.

 도반이여, 그러나 나는 세상의 끝에 도달하지 않고서는 괴로움을 끝낸다고도 말하지 않는다.

 도반이여, 나는 인식과 마음을 더불은 이 한 길 몸뚱이 안에서 세상과 세상의 일어남과 세상의 소멸과 세상의 소멸로 인도하는 도 닦음을 천명하노라."

68. 『법구경』(Dhp. 119-120)

악의 열매가 익기 전에는
악한 자도 행운을 누린다.
그러나 악의 열매가 익으면,
그때 악한 자는 죄악의 과보를 받는다.

선의 열매가 익기 전에는
선한 자도 고통을 겪는다.
그러나 선의 열매가 익으면,
그때 선인은 선의 과보를 누린다.

69. 『법구경』(Dhp. 178)

세상에서의 유일한 왕권보다
천상계로 가는 것 보다
전 세계를 지배하는 것 보다
진리의 흐름에 든 것이 더 탁월하리라.

70. 『숫타니파타』 (Stn. 63)

두 눈을 아래로 두고, 경솔하게 걷지 말고,
감관을 지키고, 정신을 수호하며,
번뇌로 넘치게 하거나 번뇌에 불타지도 말고,
무소의 뿔처럼 혼자서 가라.

71. 『법구경』 (Dhp.2품 21)

방일하지 않음이 불사의 길이고
방일하는 것은 죽음의 길이니
방일하지 않은 사람은 죽지 않으나
방일한 사람은 이미 죽은 자와 같다.

이러한 이치 상세히 알아서
슬기로운 님은 방일하지 않고
방일하지 않음에 기뻐하고
존귀한 님의 행경을 즐긴다.

72. 셰익스피어(1554-1616)의
소네트 (64)

잔인한 세월의 풍화 속에
그 화려했던 영화는 낡아 매몰되고
하늘을 찌르던 탑은 무너져 영원히 기억될 동상조차
인간의 분노 앞에 쓰러지는데
대양이 주린 듯 해변의 왕국을 침범하여
자신의 세력을 넓히고 그 견고한 땅을 삼켜버려
이해의 득실이 뒤바뀜을 보노라니
그저 모든 것이 무상하도다.

어떠한 호화로움도 황폐하여 반드시 소멸하노니
그것은 나에게 이런 생각을 일깨운다.
나의 연인마저 앗아갈지니
그것은 마치 죽음과도 같도다.
잃을 것을 염려하여 그것을
소유한 자에게는 슬픔만이 남으리.

73. 만해(萬海, 1879~1944) 스님
오도송悟道頌

양쪽 언덕 고요해 아무 일 없는데
풍광에 취하여 돌아갈 줄 모르네.
절 안에 미풍 일고 찌는 듯 더운데
가을 향기 그윽이 법의[禪衣]에 젖네.

남국에 국화 향기 아직 이른데
강호에 두고 온 정 눈에 삼삼해
기러기 그림자에 갇힌 산 사람
끝없는 가을 숲에 달이 돋는다.

74. 『대반열반경』 (D16:3.51)

"내 나이 무르익어
나의 수명은 이제 한계에 달했노라.
그대들을 버리고 나는 가리니
나는 내 자신을 의지처로 삼았노라.

비구들이여 방일하지 말고
마음 챙김을 가지고 계를 잘 지켜라.
사유思惟를 안주시키고
자신의 마음을 잘 보호하라.

이 법과 율에서 방일하지 않고 머무는 자는
태어남의 윤회를 버리고
괴로움의 끝을 만들 것이다."

75. 이별의 노래

박목월(1915-1978)

기러기 울어 예는 하늘 구만리
바람이 싸늘 불어 가을은 깊었네
아아 아아 너도 가고 나도 가야지.

한낮이 끝나면 밤이 오듯이
우리의 사랑도 저물었네
아아 아아 너도 가고 나도 가야지.

산촌에 눈이 쌓인 어느 날 밤에
촛불을 밝혀두고 홀로 울리라
아아 아아 너도 가고 나도 가야지.

76. 셰익스피어(1554-1616)의 소네트 (146)

가난한 영혼이여,
죄의 업보에 둘러싸인 땅의 한가운데 서 있는 그대여
그대를 둘러싼 반역의 힘에 바보가 되었나니.
껍데기는 값비싼 물건으로 채색하면서
왜 그대의 마음은 텅 비워 놓고 괴로워하는가?
왜 금쪽같은 삶의 시간을 치장하는 데 급급한가?
육신의 찌꺼기가 벌레들의 소굴이 될 때에
이것이 그대 육신의 끝이란 말인가?
영혼이 고작 노예처럼 희생한 것이
그대 육신의 대가란 말인가? 불쾌한 고통을 높이 세우고
궁핍한 시간을 팔아 신의 시간을 사는 것인가?
궁핍으로 가득 찬 가난한 내 마음 삶은 죽음을 먹고 사는가?
그러나 단 한 번의 죽음뿐 더 이상의 죽음은 없네.

77. 문무대왕(626~681, 신라 제30대 왕) 유시 遺詩

4해海 [生老病死]의 바다에서 이리저리 노닐다가
내 돌아가는 곳이 어디이던가?
놀다가 돌아갈 땐 미련도 아쉬움도 모두 다 내려놓고
내가 쓰던 이 몸도 불태울 텐데,
와도 그곳 가도 그곳 모두가 매한가지.
어디에 얽매여서 미련이던가?
지난날 영웅호걸 모두가 한 줌의 흙으로 돌아가고
쌓아놓은 봉분에는 나무꾼과 목동들의 지게 장단 놀이터요,
토끼와 여우는 그 옆에 굴을 판다.

78. 셰익스피어(1554-1616)의 소네트 (129)

쾌락이란 수치의 사막으로 뻗어가는 영혼

쾌락을 탐할 때 그 쾌락은 음모이고 살인

핏물과 비난으로 가득 찬 야성적이고 주제를 모르는 것

거칠고 잔혹하여 결코 믿을 수 없으니

쾌락을 즐기자 떠오르는 경멸

좇는 만큼 당하는 멸시

미끼에 걸려들어 발버둥 치는 만큼 증오로 얼룩지네

쾌락에 빠졌을 때 분노를 모르고

황홀함을 맛본 뒤 오직 비참할 뿐

79. 『숫타니파타』 (Stn. 75)

이익을 꾀하여 사귀고 또한 의존하니,
오늘날 조건 없이 사귀는 벗들은 보기 드물다.
자신의 이익에만 눈 밝은 자는 청정하지 못하니,
무소의 뿔처럼 혼자서 가라.

80. 우빨라반나장로니 (『테리가타』 11장 234경)

감각적 쾌락의 욕망은 창칼과 같고

존재의 다발은 그 형틀과 같다.

그대가 감각적 쾌락의 욕망이라 부르는 것

이제는 나에게 불쾌한 것이다.

81. 쑤마나장로니 (『테리가타』 1장 14경)

인식된 세계의 대상은 모두 괴로움이라고 보고

다시 태어남으로 다가가지 말아라.

그리고 존재에 대한 욕망을 버린다면

그대는 적멸寂滅에 들어 유행하리라.

82. 모가라자경 (『숫타니파타』 1119경)

모가라자여 항상 마음 챙김을 확립하고,
실체를 고집하는 편견을 버리고
세상을 공空으로 관찰하십시오.

그러면 죽음을 넘어설 수가 있습니다.
이와 같이 세상을 관찰하는 님을
죽음의 왕은 보지를 못합니다.

83. 아난다 존자의 시 (『테리가타』 17장 3품)

친구가 떠나가 버리고 스승이 서거한 자에게
몸에 대한 마음 챙김과 같은 그만한 벗은 없다.
옛사람들은 세상을 떠나고 새사람들은 나에게 낯서니
비 올 때 둥지 속의 새처럼 오늘 나 홀로 선정에 드네.

84. 『법구경』(Dhp. 46)

이 몸은 물거품 같다고 알고
아지랑이 같다고 깨달은 님은
악마의 꽃들을 잘라 버리고
죽음의 왕의 시야를 넘어서리라.

85. 담마딘나장로니 (『테리가타』 1장 12경)

궁극을 지향하며 의욕을 일으키고
정신적으로 충만하여야 하리,
감각적 욕망에 마음이 묶이지 않는 님을
흐름을 거슬러 가는 님이라 불린다.

86. 『법구경』 제15품 202 「안락의 품」

탐욕보다 더한 불길은 없고
성냄보다 더한 죄악은 없다.
존재의 다발[五蘊]보다 더한 고통은 없고
적정寂靜보다 더한 안락은 없다.

87. 『숫타니파타』 (Stn.194)

몸은 뼈와 힘줄로 엮여 있고 엷은 막과 살로 발라져,
피부로 가려진 몸뚱이, 참모습 그대로 드러나지 않는다.
어리석은 자 그것을 두고 '이것은 나다' '나의 것이다' '나의 자아이다',
또는 '아름답다'고 생각하니 자신의 무지에 오도된 탓이거니.

88. 『숫타니파타』 (Stn.558)

"나는 알아야 할 바[고성제苦聖諦]를 알았고,
닦아야 할 바[도성제道聖諦]를 닦았고,
버려야 할 바[집성제集聖諦]를 버렸다.
그래서 나는 붓다, 깨달은 사람이다"라고 사성제四聖諦를 천명하였다.

89. 『법구경』 제20품 273 「길의 품」

"길 가운데는 팔정도가 최상이고,
　진리 가운데는 사성제가 최상이다."라고 부처님께서는 말씀하셨다.

90. 니체(1844-1990)의 명언

알맞은 정도라면 소유는 인간을 자유롭게 한다.
그러나 도를 넘어서면 소유물이 주인이 되고,
소유하는 자가 노예가 된다.

91. 『법구경』 (제11품 153, 154)

  나는 수 없는 생을 이 집 지은 자를 찾아 헤매었네.
  다시 태어난다는 것은 참으로 괴로운 일, 집 지은 자여 너는 들었다.
  다시는 짓지 못하리. 너의 서까래는 내려앉고 대들보는 내던져졌다.
  내 마음은 이제 조건 지어지지 않음에 이르렀고 갈애渴愛는 사라졌다.

92. 중생의 고통이 끝날 날은 (S22:99)

　대해가 말라붙어 사라져 없어질 날이 오리라.
　대지가 불에 타 사라져 소멸해 버릴 날이 오리라.
　그러나 무명에 가리고 갈망에 사로잡혀 이 고통스러운 윤회의 굴레 속을
　허겁지겁 서둘러 가는 중생의 고통이 끝날 날은 없으리라.

93. 『성스러운 진리 사성제四聖諦』(S56:1)

사성제四聖諦[苦集滅道]의 성스러운 네가지 진리를 알지니
이 진리가 중생衆生들을 피안彼岸의 언덕으로 인도하리라.

◎ 사성제는 부처님 가르침을 주제별로 모은 상윳따니까야 (S56:1)의 대미를 장식하고 있는 진리상윳따의 근본주제이기도 하며, 여기에는 131개의 경들이 포함되어 있는데,

◎ 삼매三昧수행을 하는 이유는 사성제를 꿰뚫기 위해서이며, 출가자가 되는 이유는 사성제를 관통하기 위해서라고 강조하고 있다.

◎ 그뿐만 아니라 사색을 할 때도 말을 할 때도 사성제를 사색하고 사성제에 대해 말을 해야 한다.
그리고 사성제를 완전히 깨달았기 때문에 "'여래, 아라한, 정등각자'라고 부르며 사성제를 바로 알고 보기 때문에 번뇌煩惱가 멸진滅盡한다."라고 강조하고 있다.

94.『우빨리 경』(M56:18)

우빨리 장자는 고귀한 네 가지 진리[四聖諦]의 법法(dhamma)을 보고, 얻고, 체득하고, 간파하고, 의심을 건너서 혼란을 제거하여 마침내 무외無畏를 얻고, 스승의 교법에서 다른 사람에게 의지하지 않게 되었다.

95. 『끊음 경』(S11:21)

어떻게 살아야 편안히 잠자고
어떻게 살아야 슬프지 않을까?
'미움을 끊어서 편안히 잠자고
미움을 끊어서 슬프지 않다네.'
라고 세존께서는 말씀하셨다.

# 96. 『로히땃사 경』 (S2:26)

걷고 걸어도 그대 세상 끝에 이를 수 없어라.
그대 거기 이를 수 없음에, 고로부터 벗어나지 못하리.
그러나 지혜가 깊고 세상을 바로 보는 이
진실로 그것은 보이나니,
청정한 삶을 살아온 이
고요한 마음으로 거듭된 삶의 끝을 보리라.
이 세상 저 세상 가지 않아도.

97 『법구경』 13품 170

물거품을 보는 것처럼
아지랑이를 보는 것처럼
이 세상을 보는 사람을
죽음의 사자는 보지 못한다.

98.『랏타빨라의 경』(M82)

 랏타빨라는 부처님이 가르쳐주신 4가지 통찰지의 지식을 통해 아라한이 되었다.
 ① 이 세상은 불안정하여 사라진다.
 ② 이 세상은 피난처가 없고 보호자가 없다.
 ③ 이 세상은 소유할 게 없고 모든 것은 버려져야 한다.
 ④ 이 세상은 불완전하고 불만족스럽고 갈애의 노예 상태이다.

99. 『성스러운 구함 경』 (M26:19)

 부처님께서는 그가 발견한 법에 대해,
 "비구들이여! 내가 증득한 이 법은 심오하여 보기 어렵고 고요하고 수승하고 단순한 사유의 영역을 넘어서 있고 미묘하여 오로지 현자들만이 알아볼 수 있을 것이다."

 그 때 세존께서는 이전에 들어보지 못한 게송이 즉흥적으로 떠 올랐다.

 내가 어렵게 증득한 법을 과연 설할 필요가 있을까?
 탐욕과 성냄으로 가득한 자들이 이 법을 깨닫기란 실로 어렵다.
 흐름을 거스르고 미묘하고 심오하고 어둠의 무더기에 덮여있고 탐욕에 물든자들은 보지 못한다.

100. 『테라가타』 (17장 1품 979, 980)

자애심을 품어라, 연민의 마음을 가져라.
계행을 따라 잘 절제하라. 활기차고
목표(불교는 궁극적 행복이 목표)에 열중하며
언제나 용감하게 밀고 나가라.

위험은 게으름[放逸] 속에 도사리고 있고
부지런함[不放逸]은 불사不死에 이르는 지름길.
이것을 너희가 안다면 닦아라, 8정도를.
그러면 접하게 되리니

깨달음을, 저 열반의 길을!

101. 라훌라 존자의 시
『테라가타』(4장 8품 295~298)

두 가지를 갖춘 까닭에 내 이름은 축복받은 라훌라,
붓다의 아들로 태어나 법 보는 눈을 얻었네.
번뇌 모두 씻어 다시는 태어나지 않으리.
삼명三明의 지혜로 불사를 보니 공양받을 만한 아라한이라.

쾌락에 눈멀고 갈망의 그물에 사로잡힌 사람들,
마치 망태기에 든 물고기처럼 해태란 이름의 친척들에 묶였네.
나 저 쾌락을 내려놓고 마라의 사슬을 벗었어라.
갈망의 뿌리 뽑아, 불꽃 사그라지니 서늘하여라.

102. 『대반열반경』 (D16:4.43)

"베풂에 의해서 공덕은 증가하고,
제어에 의해서 증오는 쌓이지 않네.
지혜로운 자 사악함을 없애고,
탐욕과 성냄과 어리석음을 버려서 열반을 얻는다."

103. 『꾹꾸따원림경』(S45:20)

붓다가 아난다에게 이렇게 물었다.
"아난다여! 청정 청정하는데 청정이란 무엇이며, 청정한 삶은 무엇이며, 청정한 삶의 완성은 무엇인가?"

"붓다여! 청정이란 팔정도이며, 청정한 삶이란 팔정도를 갖춘 삶을 말하는 것이며, 청정한 삶의 완성은 팔정도를 통해서 탐·진·치가 사라지면 이것을 청정한 삶의 완성이라 한다네."

104. 『여름에 내린 눈』

우조티까 사야도

우조티까 사야도께서는
"바쁘지 마십시오. 심신을 이완시킬 수 있는 충분한 시간을 가지십시오. 바쁘다는 것은 제 정신을 잃는 방법을 연습하는 것입니다."라고 했다.

또 벽암록의 저자 원오극근 선사(1063-1135)는 "휴거헐거철수개화休去歇去鐵樹開花"라고 했다.

즉, 쉬고 또 쉬면 철의 나무에 꽃이 핀다라는 말이다.

뿐만아니라 고오타마 붓다께서도 바쁜 것에 대한 경계의 말씀을 "압빠낏죠 짜 살라후까웃띠(Appakicco ca salla-hukavutti)", 즉, 바쁘지 않은 삶을 살라고 말씀하셨다.

〈위 문단에 대한 저자의 각주〉

본 시집의 핵심 내용 가운데는 정지正知와 정념正念의 중요성이 여러 곳에서 부각 되고 있는데, 이는 인생 삶의 실존적 과정을 바르게 성찰하고 파악할 천천히 라는 여유가 없는 바쁜 사람들에게는 아무리 정지正知와 정념正念이 자신을 고요함으로 인도하고 깨어있는 삶의 행복으로 인도해주는 어두운 밤에 햇불과 같은 것이라고 강조해도 마이동풍馬耳東風에 지나지 않을 것이다라는 것이 저자만의 우문愚問일까라는 생각을 하게 된다.

105. 『참된 길동무』 (보리수 잎 38)

들뜨고 분주한 이 세상의 속성
고苦의 근저에 이것이 있다고 나는 말하리.
불사不死에 깃든 마음의 평화를 얻어라.
자아自我는 잡다한 구성요소가 모인 무더기일 뿐,
세계는 신기루처럼 공허할 뿐이다.

106. 『맛지마니까야』 (M118경 등에서)

들숨 날숨에 마음 챙기는 명상의 주제는
명상의 분류 가운데 가장 으뜸이고,
모든 부처님과 벽지불과 부처님 제자들이
특별함을 얻는 것의 가까운 원인이며,
금생에 행복하게 머무는 가까운 원인이다.
들숨 날숨 명상의 주제에 힘입은 그 사람은
탐욕에서 벗어나고 미움에서 벗어나고
어리석음의 취착에서 벗어난다.

107. 『뱀의 비유경』 (M22:22)

비구들이여, 그대들은 항상하고 견고하고 영원하고 변하지 아니하여 영원토록 여여如如하게 머물게 되는 그런 소유물을 본 적이 있는가?

그렇지 않습니다, 세존이시여.

장하도다. 비구들아 나도 역시…… 그런 소유물은 본 적이 없다.

108. 세속을 떠날 때

알프레드 테니슨 (1809-1892)

해는 지고 저녁별 반짝이는데 날 부르는 맑은 음성 들려오누나
나 저 바다 건너 머나먼 길 떠날 적에는 세속의 신음소리 없기 바라네.
움직여도 잠자는 듯 고요한 바다 소리 거품 일기에는 너무 그득해

끝없는 깊음에서 솟아난 물결 다시금 본향 찾아 돌아갈 적에
멀리서 들려오는 저녁 종소리 그 뒤에 밀려오는 어두움이여

떠나가는 내 배에 닻을 올릴 때 이별의 슬픔일랑 없길 바라네
시간과 공간의 한계를 넘어 파도는 나를 멀리 싣고 갈지나
내 님 뵈오리 직접 뵈오리 피안의 그 언덕에 다다랐을 때

경
전
산
책

『교리문답의 작은 경經』(M44-13) 중에서

[비싸카] "존귀한 여인이여, 어떠한 것이 삼매三昧(산스크리트어: samādhi)이고, 어떠한 것이 삼매의 바탕이고, 어떠한 것이 삼매의 도구이고, 어떠한 것이 삼매의 수행입니까?"

[담마딘나] "벗이여 비싸카여, 마음의 통일이 하나된 상태가 삼매三昧(산스크리트어: samādhi)이며, 네가지 마음챙김이 삼매의 바탕이고, 네가지 올바른 노력이 삼매의 도구이고, 이들 가르침을 공부하고 수행하고 복습하면, 그것이 삼매의 수행입니다."

『교리문답의 작은 경經』(M44-28) 중에서

[비싸카] "존귀한 여인이여, 즐거운 느낌을 느낄 때에 무엇을 버려야 하고, 괴로운 느낌을 느낄 때 무엇을 버려야 하고, 즐겁지도 괴롭지도 않을 때에 무엇을 버려야 합니까?"

[담마딘나] "벗이여 비싸카여, 즐거운 느낌을 느낄 때에 탐욕의 잠재적 경향傾向을 버려야하고, 괴로운 느낌을 느낄 때 분노의 잠재적 경향傾向을 버려야 하고, 즐겁지도 괴롭지도 않는 느낌을 느낄 때에 무명無明의 잠재적 경향傾向을 버려야 합니다."

경
전
산
책

『디가나까 경經』(M74)

"악기웻사나여, 즐거운 느낌도 무상하고, 형성된 것이고, 조건 따라 일으난 것이고, 부서지기 마련인 것이고, 사그라지기 마련인 것이고, 빛바래기 마련인 것이고, 소멸하기 마련인 것이다."

"악기웻사나여, 괴로운 느낌도, 괴롭지도 즐겁지도 않은 느낌도 무상하고, 형성된 것이고, 조건 따라 일으난 것이고, 부서지기 마련인 것이고, 사그라지기 마련인 것이고, 빛바래기 마련인 것이고, 소멸하기 마련인 것이다."

"악기웻사나여, 이와 같이 보는 성스러운 제자는 즐거운 느낌도 염오하고, 괴로운 느낌도 염오하고, 괴롭지도 즐겁지도 않은 느낌도 염오한다. 염오하기 때문에 탐욕이 빛바랜다. 탐욕이 빛바래므로 해탈한다. 해탈했을 때 해탈했다는 지혜가 생긴다. 태어남은 다 했다. 청정 범행은 성취 되었다. 할 일은 다해 마쳤다. 다시는 어떤 존재로도 돌아오지 않을 것이다."라고 꿰뚫어 안다.

III

發願文

거친 사해四海를 오온五蘊의 쪽배 타고
노 젓는 뱃사공아!
오늘 이 시간 이후 그대가 말하고 행동하고
생활(노동)하는 이 세 가지가
어느 곳 어느 때나 항상 자비로운 마음으로
바르게 말하고, 바르게 행동하고,
바르게 생활(노동)하며,
부질없는 탐·진·치에 기울지 않고 오직 깨어나는 데
도움이 되는 선업의 길로만 가소서.
그래서 아무리 어렵고 힘든 세파世波가 그대 앞에
닥친다 해도 그것에 정복되거나 주눅 들지 않고
오직 이 길을 꿋꿋이 걷고 또 걸어서
언젠가 그대가 의지하고 있는 오온의 쪽배가
가라앉기 전에 반드시 법을 보고 법을 알아
도道와 과果를 성취토록 하소서.

마하 반야바라밀, 마하 반야바라밀, 나무 마하 반야바라밀.

부록

회고사

국제피플투피플에 대한 지난일들

14세기 페르시아의 거지 성자 시성 하피즈(Hafez, 1325-1389)는 세월의 무상無常함을 이렇게 노래했다.

"그대 세월의 무상無常함이 얼마나 빠른지 알고 싶은가?

저 높은 강 언덕에 올라 흘러가는 강물을 보라. 세월의 신속함이 마치 그와 같다네."

나는 하피즈의 이 시 구절 후반을 다시 각색해서 이렇게 표현하고 싶다.

'그대 세월의 무상함이 얼마나 빠른지 알고 싶은가?

저 높은 강 언덕에 올라 흘러가는 강물을 보라 인생 삶의 하루를 산다가 하루를 죽어가는 실존적 현실이 마치 그와 같다네.'

14세기 거지 성자로 알려진 시성詩聖 하피즈(Hafez)의 이러한 철학사상에 매료되어 독일의 대문호 괴테(1749-1832)는 서동시집西東詩集을 1814년에서 1819년 사이에 썼으며, 이는 괴테의 후기 작품으로 잘 알려져 있다.

또 영국 출신의 비평가 겸 역사가였던 토머스 칼라일(1795-

1881)은 영국의 대문호 셰익스피어를 특별히 추종하고 존경했다. 그는 인간 삶의 실존적 현실을 이렇게 노래했다.

"삶이란 무엇인가? 녹고 있는 얼음판 볕 좋은 해변가 바다 위에 떠 있는 것.

신나게 타고 가지만 밑에서 녹아들어 우리는 가라앉아 보이지 않는다.

인간이란 무엇 어리석은 아기 헛되이 노력하고 싸우고 안달하고 아무런 자격도 없으면서 모든 걸 원하지만 작은 무덤 하나 얻는 것이 고작일세."

  1980년도의 내 나이 30세 아무것도 모른 채 주위 선배들의 권유로 '세계평화 구현'이라는 구호에 Feel이 확 꽂혀 국제 피플투피플 회원으로 입회하여 활동한 지 올해로 어언 44년이라는 세월이 한밤의 꿈처럼 흘러갔다.

그 지나간 멋지고 벅찬 몇몇 대표적인 추억들을 회상해 보면 당시 33살의 나이에 초등학교 다닐 때 선생님의 말씀에 상상의 나래로만 가능했던 미국이라는 나라, 미국이 낮이면 우리나라는 밤이 되고, 미국이 밤이면 우리나라는 낮이 된다는 우리가 살고 있는 지구 반대편 쪽의 미국.

그뿐만 아니라 미국이라는 나라가 기침을 한 번 하면 전 세계가 감기에 걸린다는 속설도 있었다.

그런 미국이라는 대국의 나라에 대통령이 머무는 백악관

관저를 돌아보고 또 짧은 시간이기는 했지만, 당시 부통령이었던 아버지 부시(41대 대통령:1924-2018)와 미 국무성에서의 환담 그리고 미국의 대학이라는 말로만 들었던 어릴 적부터의 나의 호기심 어린 컬럼비아대학, 시카고대학, 노스웨스턴 주립대학의 역사와 현주소를 꼼꼼하게 둘러보게 된 것은 큰 행운이었다. 그리고 1982년 9월에 국제피티피세계대회(1982년 9월)가 열렸던 워싱턴 D/C의 카네기 홀에서 김자경(당시 연세대 교수, 한국본부 부총재) 교수의 오페라 공연이 있었는데 국제피티피세계대회에 참석한 우리 일행 모두 그 공연을 관람했다. 공연을 마치고 숙소인 워싱턴 DC 소재 쉐암호텔로 돌아와 고국의 그리움이라는 향수병에 젖어있었던 그곳 교민들과 김자경 교수 그리고 우리 일행들은 (그날이 마침 추석날이라) 송편 파티로 밤새워 울고 웃고, 노래를 부르며 밤을 새운 그날의 추억은 지금도 잊을 수가 없다.

  뿐만 아니라 내가 울산챕터 회장(1987-1989)을 3년간 하면서 일본 오가끼챕터와의 자매챕터 체결(1989년)은 35년이 지난 지금도 양국 챕터간의 남다른 교류는 활발히 지속되고 있다.

  또 2019년 6월 5일에는 캔자스시티에 있는 국제본부를 처음 방문했고, 이튿날 6월 6일에는 캔자스주 애빌린(Abilene, Kansas)에 있는 미국의 34대 대통령이자 국제 피티피 창시자 아이젠하워가 잠들어 있는 도서관 앞에서 세계 2차 대전 당시 노르망디 상륙작전을 승리로 이끈 승전 기념식(75주년)에

아내와 함께 참석했는데, 아이젠하워가 영면永眠하고 있는 기념관 입구에 PLACE OF MEDITATION이라는 문구는 나로 하여금 지금도 위대한 한 인간의 영웅적 삶을 다시금 떠올리게 한다.

지난 반백 년이 흐른 세월에서 이런 값진 롱롱 스토리들은 너무나 많다. 이 추억들은 나의 '인생 삶의 참가치가 무엇인지'를 일깨워준 고귀한 시간이었다.

"인생 삶의 참가치란 무지無知(avijjā)의 의식에서 명지明知(vijjā)의 의식으로 자신의 마음이 전환되었을 때만 깨닫게 된다."

그리고 그날의 행사(노르망디 상륙작전 승전 75주년 기념식)에 줄곧 점심과 저녁 식사를 같은 테이블에서 함께 하면서 나눈 정담 등 우리 가족에게 호의를 베풀어 준 메리 진 아이젠하워(아이젠하워의 손녀) 전 피티피 국제본부 총재의 배려는 평소 누구에게서도 느끼지 못했던 감동 그 자체였다.

"우리는 세계의 모든 자유인이 형제임을 선언하는 바이며, 이러한 관념이 전 세계에 힘차게 메아리쳐 나가리라 확신합니다."

1961년 10월 14일 캔사스시티 사저에서
드와이트 D.아이젠하워

사진으로 보는 황경환

2017년 (사)국제피플투피플 세계본부는 반기문 전 UN 사무총장(제8대)을 아이젠하워 봉사상에, 황경환 PTPI 한국본부 제 13대 총재는 한국PTPI 훈장 평화장(平和章)을 수여했다.

동국대학교 보광 총장 스님께서는 2018년 8월 동국대학교 개교 112주년, 경주캠퍼스 개교40주년의 해에 국내인으로는 처음으로 필자(황경환)에게 경주캠퍼스에서 명예철학박사 학위를 수여했다. 왼쪽부터 강길부 국회의원, 주낙영 경주시장, 필자의 배우자 최은영, 필자, 동국대 재단 이사장 자광스님, 불국사 성타 해주 스님, 동국대 보광 총장 스님, 동국대경주캠퍼스 이대원 총장, 정갑윤 국회의원, 이채익 국회의원(경주 코오롱호텔 연회장).

2015년 11월 18일부터 10박 11일간 인도의 부처님 4대 성지를 순례하고 있는 초기불교를 배우는 학생들과 함께

2000년 여름 심우산방에서 전국 30여 명의 도반들과 10일 간의 집중수행 시 미얀마에서 가장 존경받는 스님 가운데 한 분이신 우 조티까 사야도와 잠깐 한가한 시간을 즐기고 있는 저자

21일간의 미얀마 수행을 마치고 우 조티까 사야도님의 수행처에서 (2016년 1월)

1984년 12월 삼소굴(三笑窟) 앞에서의 경봉 스님

30대 초 저자가 극락암에 주석하셨던 경봉 스님과 함께 기념촬영

한용운 스님의 친필 서각을 동국대학교 김상현 교수가 1992년 심우산방에 기증함

2010년 8월 26일 인도 다람살라의 법왕청에서

2010년 8월 26일 인도 다람살라의 법왕청에서
달라이 라마 존자님과 50분 동안 불교에 대한 법담을 나누는 모습

2008년 9월 미 7함대(존C스테니스호) 함장실 안에서
복잡한 전자시스템의 기능들에 대한 설명을 듣고 있다.

미 7함대(존C스테니스호)의 위용을 자랑하면서 항해하는 모습

1982년 미 국무성에서 조지 부시 부통령과 환담

2004년 12월 미 육군대장 리스까시 사령관으로부터 감사패를 전달 받는 모습

"나를 찾는 성가"라는 구절이 붙어 있는 요가난다 명상센터 입구의 모습

1998년 요가난다 명상센터에서

빠알리어 패엽경 – 심우산방 소장.
(본 패엽경에는 숫타니파타가 수록되어 있다.)

2006년도 10월 평양 순안 공항에서

2006년 4월 디가니까야(장부경전) 완역 후 서울 인사동에서 기념촬영.
초기불전연구원장 대림 스님, 지도법사 각묵 스님과 함께

15년 장기계획으로 빠알리어로 기록된 부처님 말씀을 우리말로 옮기고 있는 각묵
스님과 대림 스님(오른쪽부터), 그리고 후원자 황경환 초기불전연구원 선임연구위원
(2009년 11월 20일 조선일보에서 발췌)

미국의 휴즈사에서 21년 간 원로
과학자로 재임하셨던 저자의 스승
김사철 박사

1998년 죽음의 계곡이라 불리는 데스밸리의 산 정상에서 김사철 박사와 함께

BEACON HALL 행사장으로 들어갈 때
저자와 목에 꽃을 같이 걸고 있는 스리랑카 문화부장관.(2006년)

BEACON HALL 준공 행사에서 복지관 소년으로부터
기념품을 전달 받고 있는 모습

2006년도 스리랑카의 우디토띠딸라야마에 있는 BEACON HALL 준공식에 참석하여 오색 테이프를 커팅하는 장면.
이 복지관(BEACON HALL: 등대회관)의 이름은 저자가 지은 것이며, 규모는 1, 2층을 합쳐 약 450평이다.

스리랑카의 우디토띠딸라야마의 BEACON HALL 준공시
울산 불교신도 회원들과 함께.

2005년 4월 부처님 오신 날을 맞이하여 부처님 진신사리를 경주 심우산방으로 이운해 오기 위해 간단한 예례를 올리고 있는 모습.

부처님 진신사리를 이운해 오기 위한 예례를 마친 후,
스리랑카 남쪽 지방의 종정 스님으로부터 부처님의 진신사리를 이운 받고 있는 모습.

2000년 3월 서울 롯데호텔에서
「깨달음의 열쇠 반야심경 원문해석」 출판기념회.

2006년 9월 호주 시드니에서 아이젠하워의 손녀 메리 아이젠하워 등과 함께
국제 P.T.P. 세계대회를 마치고 기념촬영.

2003년 겨울 경주 심우산방에서.

2016년 7월 2일 『불교는 깨달음의 과학 (증보판)』 출판기념회(경주 코오롱호텔 오운홀 대연회장).

2016년 7월 『불교는 깨달음의 과학 (증보판)』 출판기념회에 불국사 성타 회주 큰스님, 김관용 경북도지사, 최양식 경주시장, 이대원 동국대(경주) 총장, 강길부 국회의원, 이채익 국회의원, 김석기 국회의원, 박준현 경북신문 사장, 박도문 대원그룹 회장, 박승직 경주시 의회 의장, 한성율 울주군 의회 의장을 비롯한 내빈들의 모습.

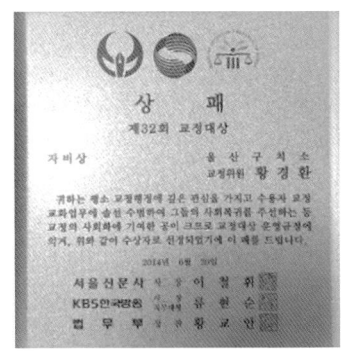

2014년 6월 20일 30여 년간 재소자 교화 활동에 기여한 공로로 서울신문사, KBS한국방송, 법무부가 공동주최한 제32회 교정대상 자비상을 수상했다.

1950년 9월 15일 인천상륙작전시 맥아더 장군의 모습

1956년 국제피플투피플(People To People) 창시자이며 미국의 제34대 대통령을 역임한 드와이트 아이젠하워(Dwight D. Eisenhower, 1890~1969). 그의 이름은 니미츠급 항공모함에도 붙어 있다. 뿐만 아니라 이승만 대통령과 1953년 10월 1일 세계가 부러워하는 한미상호방위협정을 체결, 지금에 이르고 있다.

미국의 제33대 대통령 트루먼(1884~1972)은 백악관 재임 시 항상 "나는 어디서 왔고, 어디로 돌아가야 하는지를 생각했다."고 한다. 스탈린과 모택동과 김일성이 야합한 6.25 남침으로 인해 공산국가가 될 뻔한 풍전등화와 같았던 대한민국을 구해준 위대한 트루먼을 한국 국민이라면 누구나 영원히 잊지 말아야 할 것이다.

에필로그

 내가 불교라는 참으로 만나기 어렵고 고귀한 이 위대한 부처님의 가르침과 처음 인연을 맺게 된 것은 1975년도에 71세의 일기로 입적하신 우리 아버님에 의해서다.

 그 내용은 이렇다.
 내가 9살 초등학교 3학년 시절 저녁 식사를 막 끝내고 어둠사리가 밀려오는 시간쯤으로 나는 기억한다.
 평소에도 우리 아버지께서는 당신이 사업을 하시면서 어려움을 겪었던 여러 이야기를 비롯해 초등학생이 흥미롭고 솔깃하게 들을 수밖에 없었던 신화적인 이야기들을 자주 늘어놓으시곤 하셨는데, 이날만은 지난날에 한 번도 듣지 못했던 인간의 죽음에 대한 말씀을 하셨다.
 그날 당신께서 하신 말씀을 우선 전말은 생략하고 그대로 표현을 하면 내 이름의 끝 자를 다정하게 부르시면서 "환아 너도 언젠가는 반드시 죽는 날이 온데이"라고 하시는 것이었다.

옛날 속담에 '아닌 밤중에 홍두깨'라는 속설이 있듯이 9살짜리 초등학교 3학년밖에 되지는 않았지만, 당시 우리 부친의 이 말씀은 너무나 충격적인 이야기로 들리면서 그때 나의 기억을 되새겨보면 마치 어떤 망치 같은 것으로 내 뒤통수를 한 방 때리는 것 같은 그런 느낌이었다.

그때 부친께서 하신 그 말씀의 여운은 나에게 한동안 불안함과 두려움을 되새기게 했었다.

그러시면서 우리 부친께서는 다시 이야기를 이어가며 하시는 말씀이 너가 장차 성인이 되어서 어느 곳에서 무엇을 하더라도 "불교가 무엇이고 어떤 가르침인가를 알아야 한다." 만약 그것을 모르고 세상을 살아간다는 것은 살아가는 것이 아니라 죽어가는 사형수 주제라고 단호하게 말씀하시면서 나에게 유언처럼 하신 그날의 말씀으로 인해 되돌아보면 50여 년을 '불교란 무엇인가' 라는 이 질문은 나에게 생명과 같은 화두話頭였고, 그 이후 이 화두는 사실 반 백년이 지난 후에야 완전히 풀렸다.

그래서 그 결과 2009년 11월 11일 초판 1쇄 한 『불교는 깨달음의 과학』(황경환 지음, 현대불교신문)은 2023년 4판 3쇄를 출판했고, 이 책은 또 미국에서 2020년 영문판으로 번역, 오디오북, 전자북을 아마존에서 구입할 수 있게 됐다. 종이책은 아마존에서 152개국에 배포한 바 있다고 영문 번역을 해준 낸시어코드(미국거주)께서 전해 온 바 있다.

뿐만 아니라, 한국 불교 역사 1700여 년간 처음으로 산스크리트 원문과 한문본(현장스님)을 대조해 가면서『산스크리트 원문에서 본 반야심경 역해』(김사철·황경환 공저, 김영사)는 2020년 10월 14일 초판 1쇄 발행 이후 지난해(2023년)까지 1판 4쇄 출판을 한 바 있다.

그리고 이번에 3번째로 출판하게 된 본 108시집은, 54편의 시는 필자 본인의 자작시이고 54편은 필자가 평소에 특별히 흠모하고 좋아해서 모두 암기하고 있는 부처님 게송과 부처님 직계 제자들이 남긴 시 '테라가타, 테리가타'를 비롯해 중세와 근세에 걸쳐 많은 사부대중의 공경과 존경의 대상이 되셨던 옛 조사 스님과 큰스님들의 시, 그리고 서구의 대문호들이 남긴 몇몇 시구절들을 같이 실어 보았다.

혹 이 시집을 접하는 독자 가운데에는 세계평화 운동을 해온 회고사와 첨부된 사진을 보면서 저자 자신의 상相내는 일에 너무 집착한다는 질책도 있을 수 있겠으나, 이는 본인이 감내해야 할 부분이라 생각한다.

향후 이러한 소회를 밝히는 기회가 나에게 더는 없을 것 같아서 또 하나의 욕심을 부록에다 추가했다. 그리고 전생에 무슨 카르마[業]가 필자에게 있었기에 30세 초부터 '세계 평화 운동'이라는 누군가 첫마디의 구호에 필(feel)이 확 꽂혀서 올

해로 44년간을 이 운동에 열정을 기울여 온 국제피플투피플(PTPI) 운동 역시도 빼놓을 수 없는 나의 이력이라 하지 않을 수가 없다.

그 여정에서 『국제피플투피플(PTPI) 한국본부 창립 50년사(1965-2015)』와 『국제 피플투피플(PTPI) 울산챕트 50년사(1973-2023)』의 행적을 술회한 회고사, 그리고 그와 관련된 대표적인 사진 몇 장도 여기에 올렸다.

그리고 세계 평화운동의 상징인 국제 피플투피플은 미국의 제34대 대통령을 역임한 아이젠하워가 초대 창립 총재였으며, 1956년에 창립한 비영리 단체다.

아이젠하워는 1953년 7월 27일 6.25 휴전협정 이후 그해 10월 1일 대한민국 초대 건국 대통령 이승만 박사와 세계가 부러워하는 한미상호방위조약을 체결 이후 오늘에 이르고 있다. 이 방위조약은 70여 년간을 어떤 외부 세력도 넘보지 못하는 튼튼한 대한민국 국방력이 바탕이 되어 세계 10위권의 경제 대국이라는 기적이 가능했다. 이것이 오늘의 대한민국이라는 사실은 국내외 어느 나라 그 누구를 막론하고 부정할 수 없는 것이 사실이다.

지난 김영삼 정부에서 외무부 장관(1994~1996)을 지낸바 있는 공노명(1932~)은 1958년 외교부에 들어가 38년간을 봉직한 정통 외교관 출신이다. 이분의 말을 빌리면 1950년 6월 25일 북한의 기습남침으로 인해 속수무책이었던 풍전등화 앞의 남한을 미국의 제33대 대통령 투루먼의 전광석화電光石火 같은 참전 결정으로 16개국의 참전국은 3년 1개월 간의 전쟁 과정에서 맥아더장군은 5000분의 1(0.02%)의 가능성 밖에 되지 않는 인천상륙작전에 자신의 목숨을 걸었고 그 승전 결과 1953년 7월 27일 휴전협정과 그 해 10월 1일 한미상호방위조약까지 체결한 대한민국은 하늘이 돕고 천신들이 도운 천우신조天佑神助라고 했다.

때문에 나는 내가 참여해 오고 있는 모두의 활동은 금생에 이곳 지구 행성에 태어나서 내 이웃을 비롯한 대자연이 나에게 주는 고마움, 그리고 내 나라 자유대한 민국이 나에게 말하는 자유, 글 쓰는 자유, 인권의 자유를 지켜준 고마움, 그리고 부처님의 가르침과 처음 인연을 맺게 해주시고, 또 그 가르침을 바르게 이해할 수 있도록 지도해 주신 선지식들의 그 하해河海 같은 은혜로움은 이루 다 말할 수가 없다.

그래서 그 은혜로움의 천분지 만분지 가운데 하나밖에 되지 않는 미미한 일일 수도 있겠으나 내가 알고 이해하고 있는 부처님의 가르침을 널리 홍보하고 또 지금까지 해왔던 세계평화 운동의 끊임없는 노력을 비롯해 나와 더불어 살아가는 내 이웃에 유익한 존재가 되기 위한 노력은 내가 들이쉬고 내쉬는 나의 숨이 끝날 때까지 지속할 것이라고 나 자신과의 약속을 다시 한번 다짐하면서 지난날 그 행적들을 뒷장 부록에 사진 몇 장과 함께 첨가했다.

　끝으로『정지正知, 정념正念하면서 미련없는 작별을』이라는 이 한 권의 시집과 인연하는 모든 독자님들의 이차인연공덕以此因緣功德으로 내가 그동안 크고 작은 도움을 주었거나 크게 기대했던 사람이 설사 나를 모욕하거나 무시한다 해도 그들에 대해 섭섭한 마음을 가지거나 분노하거나 미워하는 불선업不善業의 마음을 일으키지 않는 지혜와 자비심으로, 오직 하늘[우주]이 나에게 선물한 '텅빈 마음의 고귀한 행복', 그 피안彼岸으로

가테가테, 파아라가테, 파라상가테, 보디, 스와하.
gategate pāragate pārasaṁgate bodhi svāhā
계향戒香 정향定香 혜향慧香. 해탈향解脫香. 해탈지견향解脫知見香

감사합니다.

2024년 12월

無塵 황 경 환 합장

正知, 正念 하면서
sampajañña, sammāsati

미련없는 작별을

초판 1쇄 발행　2024년 12월 30일

지 은 이 │　황경환
이 메 일 │　khbeacon21@naver.com

펴 낸 이 │　박준영
북디자인 │　서혜진
마 케 팅 │　사) 21세기불교포럼
　　　　　경주시 알천북로 345
　　　　　최진홍 010. 9210. 2959
　　　　　임정은 010. 8562. 7312

펴 낸 곳 │　더종북스
출판등록 │　제38호
주　　소 │　울산광역시 남구 팔등로 139 2층
전　　화 │　052-227-2720
이 메 일 │　thejongbooks@naver.com

ⓒ 황경환 2024

ISBN 979-11-96783-7-4

· 이 책은 저작권법에 의해 보호를 받는 저작물이므로
　저자와 동의없이 무단으로 전제하거나 발췌할 수 없습니다.

· 책값은 뒷표지에 있습니다.
· 저자와의 협의 하에 인지를 생략합니다.

산스크리트 원문에서 본 반야심경 역해

Prajñā - pāramitā - hṛdaya - sūtra

김사철 · 황경환 지음

초기경전 교학의
수행법과 다르지 않은
반야심경의 바른 이해

팔정도의 실천으로
반야의 완성을 이루는
해탈 열반의 지침서

김영사